教育部人文社科重点研究基地四川大学道教与宗教所文化研究所道教研究学术前沿丛书

无我之我：道文化中的自我观新诠

朱展炎 著

华龄出版社
HUALING PRESS

图书在版编目（CIP）数据

无我之我：道文化中的自我观新诠 / 朱展炎著.
—北京：华龄出版社，2022.8
ISBN 978-7-5169-2382-5

Ⅰ. ①无… Ⅱ. ①朱… Ⅲ. ①道家—文化研究
Ⅳ. ① B223.05

中国版本图书馆 CIP 数据核字（2022）第 169542 号

策划编辑	南川一滴	**责任印制**	李未圻
责任编辑	郑 雍	**装帧设计**	晨罡文化

书　　名	无我之我：道文化中的自我观新诠	**作　者**	朱展炎
出　　版 **发　　行**	华龄出版社 HUALING PRESS		
社　　址	北京市东城区安定门外大街甲 57 号	**邮　编**	100011
发　　行	（010）58122255	**传　真**	（010）84049572
承　　印	北京建宏印刷有限公司		
版　　次	2022 年 10 月第 1 版	**印　次**	2022 年 10 月第 1 次印刷
规　　格	710mm × 1000mm	**开　本**	1/16
印　　张	15	**字　数**	160 千字
书　　号	ISBN 978-7-5169-2382-5		
定　　价	88.00 元		

本书得到中国博士后科学基金（20100471653）、
四川大学中央高校基本科研业务费项目（skq201220）项目资助

道教与宗教文化研究丛书

学术委员会

编辑委员会

道教与宗教文化研究丛书

总　序

改革开放四十多年来，中国宗教学体系得以基本确立，在道教、佛教、天主教、基督教、伊斯兰教和民间宗教各个分支领域研究方面取得了丰硕成果。众所周知，具有现代学术意义的中国宗教研究起步是比较晚的，20世纪以来，一批致力于哲学、历史学、考古学、民族学和人类学的学者，逐渐由文史哲与宗教的交叉和边缘问题研究，转向专门化的宗教研究，由此开启了中国宗教研究的百年学术进程。前辈学者在中国宗教史料和各大宗教思想诸多方面默默耕耘，筚路蓝缕，以启山林。四十年前，卿希泰先生创立了四川大学宗教学研究所，这是中国大陆高等教育史上第一所以道教研究为主的专业宗教学研究机构。在卿希泰先生的引领下，川大宗教所同仁秉承刘咸炘、蒙文通先生道教史学与文献考据的学脉传统①，经过几代学人的不懈坚守与沉潜积淀，在中国道教通史、中国道教思想史和道教文化专门史等方面均有重要建树，使四川大学宗教所成为中国道教研究的重镇。

作为教育部人文社科百所重点研究基地，道教研究学术前沿问题一直是四川大学宗教学研究所同仁十分关注的。早在2013年11月下旬，本所

---

① 百年来，四川大学道教研究弦歌不辍，薪火相传。四川大学道教研究的历史可以追溯到20世纪上半叶，四川大学教授刘咸炘（1896–1932）先生的《道教征略》、蒙文通（1894–1968）先生的《道书辑校十种》等就开启了中国近代道教学术研究之先河，至今依然是道教研究必读的基本文献。

与韩国江南大学仁山东方文化研究所、韩国道教学会、神明文化研究所联合，在四川大学科华苑宾馆召开了“第七届‘亚洲与发展：宗教与文化’国际学术研讨会暨当代道教研究学术前沿论坛”，会后邀请了海内外十位活跃在一线的中青年学者在四川大学文科楼宗教所学术报告厅举办了系列学术报告；2014年本所受成都市和都江堰市政府委托，具体承办第四届中国（成都）道教文化节，在青城山举行了“道在养生高峰论坛暨道教研究学术前沿国际会议”，并于2015年在巴蜀书社出版了同名会议文集。这两次以“道教研究学术前沿”为主题的论坛在学术界产生了良好的影响，并得到同行们的积极回应，渐次成为当前道教研究的热门话题。

乙未仲秋重阳节，正值四川大学宗教学研究所建所三十五周年之际，本所在望江河畔和青城山隆重召开了“回顾与展望：四川大学宗教学研究所建所三十五周年庆典暨道教研究学术前沿国际论坛”，本次会议是在前两次道教学术研究前沿问题论坛的基础上，在回顾与总结三十多年来道教研究的成就与不足的基础上，邀请海内外专家学者再次聚首天府之国，坐而论道，细致深入探索与展望道教研究学术前沿问题。

本次道教研究学术前沿问题涉及十四个专题门类，即：

1. 区域道教的历史与传播
2. 全真道研究的回顾与展望
3. 道教写经、碑刻与典籍
4. 道家与道教哲学研究的回顾与展望
5. 道教丹道新诠
6. 道教医药与科技研究的回顾与展望
7. 道教心理与心性学研究
8. 道教文学新探
9. 道教艺术与审美
10. 道教神学与图像研究
11. 道教仪式音乐研究
12. 道教符箓与仪式研究

13. 道教签占与法术研究

14. 道教与地方社会

在上述三次以道教研究学术前沿为主题的论坛筹划过程中，得到中国道教协会副会长、北京东岳庙住持袁志鸿道长，成都市道教协会张明心会长以及学界同仁的鼎力支持，北京东岳庙与青城山道协慨然提供会议资金与周到的食宿安排；四川大学文科杰出教授、本所名誉所长卿希泰先生始终关心支持本次论坛的举行；时任四川大学校党委常务副书记、中国西部边疆安全与发展协同创新中心主任罗中枢教授，中国宗教学会卓新平会长，著名学者黄心川先生，老子道学文化研究会会长胡孚琛先生，中国社科院名誉学部委员马西沙先生等莅临致辞，旅居澳大利亚的前辈学者陈耀庭先生不辞辛苦，为大会做了“关于道教研究的前沿问题”的主旨报告与会议总结；我们的研究工作还先后得到青城山道教协会、上海城隍庙和成都市民族宗教事务局的大力支持。

关于道教研究的前沿问题与目前学术界谈论的构建中国学派问题是相互关联的两个大问题。我们现在要提倡文化自信，一个重要的方面就是要找寻到文化根基，寻根铸魂，把文化自信建立在这个根基之上。这才会逐渐形成富有内涵的不可动摇的自信力。道教是唯一的中国本土宗教，蕴涵宏富的中华文化基因。通常所谓的文化自信就是要彰显中国本土文化的自信心。那么如何做到文化自信呢？首先就是学术要自信。要做到文化自信首先要做到学术自信。就学术自信而言，我们道教的学术研究还是经历了一个曲折的过程。过去几十年来，由于我们起步比较晚，虽说有王明先生、陈国符先生等个别学者的道教研究成果引人注目，但都未形成气候，总体上一直跟在日本学者、欧美学者后面亦步亦趋。但是经过这四十年的积累、几代学者持续不断的努力，中国道教研究的学科体系已经初步建立。目前国内的道教研究，如果从四川大学宗教所卿先生培养的卿门弟子的学脉传承来看，已经有三四代、四五代的传承积累了，现在国内的道教研究可以说已经取得了与西方学者并驾齐驱的地位。因此，我们站在道教研究前沿，提出构建道教研究的“中国学派”，不只是恰逢其时，也是水到渠成的事情。

道教是最有原色和底色的中国文化，我们完全可以在学术研究上建立自信并达到文化的自信。中华民族的文化自信和伟大复兴，其实就是建立在我们扎实的学术研究之上的，我们可以把这个宏伟的目标继续推进。这是新一代道教学者义不容辞的责任，也是我们道教界和学术界必须担负的责任。

作为当代的道教学人，我们提出构建道教研究的中国学派，就是要志存高远。这是我们要达到学术自信必须要做的事情。也就是说，现在的道教研究正在迈入一个彰显中国文化语境的新阶段，我们要有学术的敏感性，要把握好学术演进的节律，要做好进入新阶段的准备，洞烛机先，预先给自己设定一个目标，既不能盲目乐观自大，也不能一味是一种“学生”的心态。

因为西方汉学家的道教研究是一套有主导性语境的话语系统，这套话语系统的主导性语境实际上就是西方的学术传统。他山之石固然可以为我们所借鉴，事实上，这几十年来我们的道教研究也一直在汲取西方的成果。但是，不要忘记中西方文化还是有深刻差异的。因此，对于中国传统文化的研究，我们的一个重要目标就是要构建一个自己的主导性语境，这个主导性语境是建立中国学派非常重要的基本前提。没有自己的话语系统，何谈中国学派？那么，如何构建自己的话语系统呢？

我个人的浅见是：要构建中国学派，除了要有一个志同道合的学术共同体外，关键要注意三件事情。其一，要有一个基本前提；其二，要有自己的核心概念和研究范式；其三，通过比较和对话途径，做到东西方文明互鉴。这个基本前提就是道教研究的本土化与在地化的立场方向。也就是说，你的立场首先是本土立场和问题意识。众所周知，现在的道教研究一开始有很多海外汉学家的参与和引领，道教研究最初是一个“国际化”的学问，但是，现在的道教研究慢慢地呈现出一种“在地化”“本土化”的趋势，因为道教原本就是本土的。就像人摆脱不了地球的引力一样，道教研究也摆脱不了中国的具体语境、地域特征与文化传统。

追随刘师培、刘咸炘、陈寅恪、陈垣、汤用彤、蒙文通、王明、陈国符、任继愈、卿希泰等先生一路而来，中国道教研究形成了以传统史学方法和传统经学方法为基本的研究理路。1949年以后，中国大陆从事道教研究的学者大多来自哲学和历史系所，加之宗教学在学科分类上隶属哲学大学科，也就造成长期以来，哲学诠释学和历史学研究方法可以说一直是中国道教研究的两大主流。与中国传统注重文史，善于搜集文献、考订的历史或者哲学思想的路径不同，西方学界对于道教的研究多采用人类学、社会学、心理学等方法，注重田野调查和理论解析相结合。对于目前国内的道教研究者而言，宗教社会学、人类学等相关理论的认知和应用虽然有了长足的进步，在一定程度上克服了传统的文献到文章研究模式的弊端——缺乏实证研究。尤其是近十多年来中青年学者的道教人类学、道教社会学研究的转向意识明显，出现了一些成果，但是仍显薄弱，也存在一些“只见树木，不见森林”的“碎片化”倾向。如果能够有效地取长补短，将传统经史文献与田野调查有机结合，在田野中理解文献，用文献诠释田野资料，互证互释，势必会促进道教研究新理论和新范式的形成，加速道教研究的发展进程。当然在援引西方的人类学、社会学等理论对道教进行解读的过程中，一定要注意东西方宗教文化固有的差别，绝对不能一概而论。要做到微观与宏观研究并举，从微观见力与宏观见势用力，克服当前道教研究的“碎片化”“宏大叙事”两个极端的弊端。

不难发现，当下的道教研究已经从通史、通论的宏大叙事研究范式转向道教宗派史、专门史、地方史和区域道教研究，分宗、分门、分区的研究范式逐步形成。目前地方道教研究可以说是百花齐放，这说明道教研究出现了一个“在地化”“本土化”的趋势。比如贵州的道教不同于云南，也不同于四川，各有各的特色，这就会要求学人进行“在地化”的研究，总结出具有区域化特征的成果。这是当下道教学术界从“国际化”到“在地化”，到“地域化”“本土化”的一个趋势。因此，我们不能一味地强调道教研究的“国际化”，而无视“在地化”“本土化”的趋向。

在目前的形势下，如果我们还单方面强调道教研究的“国际化”方向，这其实是一种“思想侏儒”的做派。我们目前已经有能力走出这种

“思想侏儒”的境地了。事实上，越是本土的就越是国际的，这已经是一个很清晰的共识了。那么我们该怎么做呢？

古语云：“他山之石，可以攻玉。”“以西释中”“以西阐中”当然也是一种研究思路，但是这毕竟是借用西方的话语系统来解读我们的文化，“隔雾观花”“隔靴搔痒”的情况其实是难免的。我们为什么不能有自己的话语系统来解释自己的文化呢？我们在扎实了解西方研究成果的基础上应该有构建中国学派的信心与信念，经过我们持续不断的努力去达到这个目标。

构建道教研究的“中国学派”，就是要找到一条几代人可以共同努力奋斗的道路。可能成功不必在我，但是我们要瞄准一个目标，经过三四代学者的努力，我们就可以提炼出具有中国特质的道教研究的一个范式，提炼形成一个或者若干核心的概念（研究范式），不单纯以西方的理论和背景作为预设前提来形成自己研究的解释系统和话语系统，到那时候我们就不会一味地“以西释中”“以西解中”“以西阐中”，而是在借鉴融通西方研究方法的基础上，探索出一条“以中释中”开本返新的本土道教研究新路径。

当然这种目标不是一朝一夕可以实现的，需要我们好几代学人共同的努力。按照陈耀庭先生2015年9月在四川大学宗教所建所三十五周年举办的“青城山道教学术研究前沿问题国际论坛”上所做的《关于道教研究的前沿问题》[①]的报告，中国道教学研究已经建立了初步的学科体系，“中国道教研究学科的各个门类都已经有人把守”，“中国道教研究的各个学术领域都已经齐备，各尽所能。这是我们在三十年以前根本不敢想象的”。还有一大批更年轻一点的70后和80后，活跃在道教研究的第一线，他们思维活跃，研究方法更加多元，论题更加广泛细腻，在道教研究的新材料和新的研究手段运用方面都有不俗的表现，新作辈出，呈现出新的气象。

---

① 陈耀庭：《关于道教研究的前沿问题——在四川大学宗教学研究所成立35周年庆典上的主题演讲（代序）》，载盖建民主编：《回顾与展望：青城山道教学术研究前沿问题国际论坛文集》，成都：巴蜀书社2016年版，第1~14页。

道教学研究的对象与范围十分广泛，随着学术界新材料、新方法的运用和新学科交叉，道教学的边界不断拓展，前沿领域与前沿问题值得探讨。大凡与道教有关的课题，例如道教与女性、道教与书法、道教与绘画、道教与图像、道教与兵法、道教与民间信仰、道教与少数民族、道教与考古等，均可以纳入道教学研究领域。如今在学界同仁的共同努力下，《中华续道藏》《道经精要》《道教碑刻集成》等一系列道经文献整理项目已经开始展开，相信不久的将来，具有厚重学术价值的文献集成便会与大家见面。除了大型的资料集成，道士的度牒、戒牒、登真录、水陆画等文献也应该纳入日后资料收集的对象中来。此外数量庞大的教外涉道文献也是收集整理的关键，传统的官史、文集、笔记小说、碑刻、山志、宫观志、县志等中的道教资料还有待汇集整编，档案、报纸、壁画、墓志等新材料的发掘也是道教研究资料收集的一个重要来源。对于资料的收集既要注意广博，又要注意有所侧重。道教工具书的编纂、道教文献的数字化问题也是日后发展的方向之一。

俗话说“山重水复疑无路，柳暗花明又一村”。有了材料和方法，还需要研究视角的转换与提升。当前，随着新史学的兴起，中国传统的文史研究在兼顾传统的同时也要进行及时的方法更新，掌握更多的方法与理论。另外，目前档案学、考古学、民族学和民俗学等其他社会科学方法的运用甚至一些自然科学方法的使用也是当代道教研究方法不断充实的来源。通俗来讲，也就是要增强问题意识的自觉性和主动性。许多时候，视角的固化造成了研究的僵化，尤其是对于道教“古史”研究而言，在当今古史材料很难出新的情况下，研究视角的革新和提升便显得尤为重要。比如说，早期道教思想研究比较重视高道、名道以及重要经典的思想内涵，很少注意这些所谓“精英阶层”的思想背后所依托的整体文化知识背景。当我们转变视角，自下而上进行思考时，便会发现高道、经典的思想不是无源之水、无本之木，它们其实是脱胎于时代民众的一般知识、观念所积累形成的文化氛围，这是道教思想的底色，同样也应作为道教思想研究的重心。再比如说道教图像研究，除了赏析图像的艺术美感，还可以挖掘图像背后深藏的社会物质文化发展的历程，通过研究图像载体的材质、来源，探究其与宫观经济、社会流行文化之间的关联。这样的例子不胜枚举，需要研究者们的格外留心注意。

总之，未来与道教有关的边缘学科、交叉课题将会越来越多地出现，道教学的研究范围将不断拓展深入。当前对于这些领域的研究往往存在着只懂道教或者只懂其他学科的弊端，因而跨学科的交叉研究成为道教研究的当务之急，尤其是要通过学科之间的不同视角认识道教文化本身的特点。在对道教进行交叉学科研究之时，首先明确的是道教作为一个宗教而存在，这是所有交叉学科进行研究的基本前提。否则，交叉研究就会稀释道教文化的宗教本质，让道教文学成为中国文学的一部分，道教艺术成为中国艺术的一角。道教的本质是宗教，宗教的核心是信仰。因而，道教历史上种种活动的最终目的都是为其宗教信仰而服务。

站在道教研究前沿领域，致力于构建道教研究的中国学派，这是近年来学界同仁大家都非常关注的、非常有生命力的一个学术方向。前不久，有一位毕业于中国人民大学道教研究方向的年轻学者曾经专门采访过我，提出了一个很有意思的问题：虽然道教是中国本土宗教，但是我们都知道：当代的道教研究是围绕着宗教学理论展开的，而宗教学理论毕竟是一个带着西方文化底色的理论体系，而且它是潜移默化并渗透到现代道教研究的各个方面的。如果我们要形成一个道教研究的中国学派，或者说一个具有中国特质的解释系统，那也就意味着我们的研究背后要有一个中国底色宗教学的支撑。引出的一个问题就是：道教的中国学派和中国底色的宗教学之间，你认为它们是一个什么关系？这种带有中国底色的宗教学理论在构建道教研究的中国学派的事业中将发挥一个什么样的作用？这位人大博士提出的问题很重要，记得我当时是做了如下的回应：

我们现在的宗教学理论是源自西方的，是西方文化传统孕育出来的一个文化门类。西方的麦克斯·缪勒在一百多年前提出了科学的宗教研究的方法，宣告了宗教学这个学科的诞生。但是，他宣称的宗教学主要是建立在西方宗教研究的基础之上的。虽然有一些东方宗教的资料以供比较研究，但基本上还是以西方宗教的研究成果为主导的路向。众所周知，东西方宗教确实有巨大的差别。根植于中国社会土壤的中国宗教有着自己的特点，其思想也有自己独特的宗教范畴体系和规律，这些是其他宗教所没有的，如“道”“太极”等；有些虽然表面相似，但是实际上含义却大不相同。因此，我们很有必要对中国宗教的范畴和规律加以研究和讨论，我们不能简单地拿一些西方宗教的范畴去比附中国宗教的范畴，而应该结合中国社会的特点，解析中国宗教的范畴，把握中国宗教发展的规律。因此，从学理上也应该存在一种东方宗教学理论，或者说是中国宗教学体系。中国宗教学体系应该是在研究中国宗教现实问题和历史问题的基础上建立起来的一个宗教学原理。现在有很多从事宗教学理论的学者已经朝着这个方向发力，这跟我们倡导的道教研究的中国话语、中国学派不谋而合。因为构建道教研究的中国学派，实际上就是为建立中国气派的宗教学理论体系提供素材。中国气派的宗教学理论说到底是在具体的宗教现象研究基础上提炼出来的普遍性规律。也就是说，我们构建道教研究的中国学派，可以为未来更大的一个目标——构建一个中国气派的宗教学理论体系——提供最有力的支持。中国气派的宗教学理论体系是建立在道教与民间信仰之上的，而道教和民间信仰密不可分。很多道教学者对道教和民间信仰的研究成果已经很丰硕了，如东南沿海一带的道教与民间信仰，以及关于明清以来民间信仰中保存有大量跟道教类似的宗教现象，这都是非常有分量的学术成果。这些成果将对未来构建中国气派的宗教学理论提供最直接的支撑。这一块会是将来很受重视的领域。比如陈耀庭先生就特别提出什么是道教学术前沿的问题？他的一个观点就是：未来的道教学术前沿有一个重要的领域就是研究道教与民间信仰的关系问题。陈耀庭先生的这个观点很有启发性。现在很多学者都关注到了这个问题。道教研究的中国学派的出现，将会为中国气派宗教学理论体系的构建提供一个重要基础。这是一项宏伟的思想事业，需要我们大家共同努力。

四川大学宗教学研究所作为卿先生1980年创立的一个比较重要的中国道教学术基地，迄今已经走过四十年的光辉历程。川大宗教所有一批治学谨严、享誉海内外的前辈学者，如陈麟书先生、陈兵先生、石衍丰先生，还有已故的曾召南先生、赵宗诚先生、丁贻庄先生等，前辈学者为我们树立了良好的学风与榜样。我的学兄詹石窗先生目前已经承担并完成了《百年道学精华集成》《百年道学书目提要》两个国家重大招标项目，成为本所新的标志性成果。我们有责任在已有成就的基础上，进一步优化整合我们所现有力量，联合兄弟单位同道，协同攻关，在做好《中华续道藏》等国家大型文化工程的同时，组建成立“道教断代史研究中心”“中华道藏学研究中心”“海外中国宗教研究中心”“西南少数民族宗教与文化研究中心”“华西宗教与文化研究中心”等学术机构，在道教学术研究前沿领域继续向纵深拓展，把中国道教文化研究事业推向新的高峰。卿先生现在已魂归道山，我们这些后学就要主动担负起构建道教研究本土话语体系的重任，有情怀、有意识地主动朝这个目标去戮力。虽然这个远大目标可能不一定能在我们这一代人身上实现。但只要我们沉潜下来，围绕新材料的收集整理，新的研究方法和手段的综合运用，持续不断地推出新的前沿成果，我们坚信：经过几代学人的持续不断努力，在不久的将来，道教与宗教文化研究的中国学派、宗教学理论的中国气派都会成为现实。这是我们几代中国道教学人的共同学术之梦，也是我们研究基地同仁策划组织出版《道教研究学术前沿丛书》《宗教文化研究学术前沿丛书》这二套大型丛书的初心。

盖建民

戊戌初夏谨记于望江楼

庚子岁初冬修订

壬寅深秋再次修订

目　　录

导　论

本书是在我博士后出站报告的基础上进行修订的，“道文化”泛指道家道教文化，尤以道教文化为主。论题的选取与我的博士论文《驯服自我：王常月修道思想研究》紧密相关。在书写博士论文的过程中，我一直在思考以下问题：（1）道门中是否有自己的自我观？（2）如果有，它的核心问题是什么？（3）此核心问题与其他自我观的核心问题有何区别？对于这些问题的回答，构成了本论题的主要内容和基本的立论前提。除此之外，道文化中的自我观与人学、心理学之间也有许多交叉的地方，因而要梳理出“自我观”这一论题，也需要做进一步地探讨。因此，通过对以上宏观问题的思考和以下具体而微问题的考量，就构成了本论题的一些基本理由：

1.我的博士论文《驯服自我：王常月修道思想研究》主要还是从个案来探讨道人的自我修炼思想，对于“自我”的探讨，仅限于王常月本身的修道思想，尚未进入道文化的整体语境来阐述。此外，在“自我”的界定上，也还是停留在精神分析学的使用范围，未能深入到哲学、宗教学自身的话语当中进行分析，因而还需要作进一步地梳理；

2.对道文化中神仙信仰之研究，学界目前主要集中于生命哲学、人学和心理学等方面来阐释，而从自我冲突角度来探讨的，则略显薄弱。因此，从自我生存困境的角度来切入其神仙信仰，就可以获得一种不同于传统意义上的解读视角。从此种视角当中，我们可以看到神仙信仰背后个体所面临的生存困境，由此体会到个人在世存在的畏惧和敬畏心理。

3.对“自我观”之研究，学界目前主要集中于儒家、道家、禅宗为主，而对于道教文化中的自我观则缺少系统地探讨。自我作为个体生命的主要内驱动力，在其哲学的研究当中还缺乏足够地揭示。这种内驱动力的表现，就是道门人士对于保存自我和凸显自我的渴望，其理论上的表现就是贵生重生、与道合真的思想。此种思想背后所蕴含的，即是道门对于保存个体生命、渴望与众不同的深度心理欲求和形而上底蕴。因而，对这些深度心理的揭示，也可以彰显其自我观更深层次的思想特质，以此来揭示它背后的世俗主义动机。

4.对于炼己、无我的提倡，在道学的诸多方术之中都得到了重视。对于“己”之审慎与超越，反映了修道者在信仰、修炼过程当中，认识到了人的自我对于个体人格转变和精神提升之重要。

一、海内外研究现状及文献综述

自我作为哲学、心理学、宗教学探讨的主要对象，在中外思想当中都得到了很多重视。下面我们就中外主要文献对于自我的探讨作一简要地概述，以期对自我的概念内涵和主要内容有一个初步的印象。

（一）海外研究现状及文献综述①

西方思想对自我的探讨，历史可谓源远流长。其讨论的视角，主要有哲学、宗教和心理学等。在心理学尚未从哲学当中独立出来作为一门单独的学科以前，对自我的探讨多是从哲学、宗教的角度来进行。

1.西方哲学流变中的自我观概述

在西方哲学的发展史上，哲学家们对自我的探讨，在古希腊、中世纪、近代和现代多有不同，可以说是一个不断否定和完善的过程。

在古希腊时期，对自我探讨比较有代表性的是苏格拉底、柏拉图和亚

① 此处内容综合参考了《西方哲学简史》（赵敦华著，北京大学出版社，2001年）、《西方哲学史》（邓晓芒、赵林著，高等教育出版社，2006年）、《自我论》（科恩著，三联书店，1986年）等专著。

里士多德。在苏格拉底看来，早期的希腊哲学家过于重视研究自然哲学，而未能对人世作很好的研究，因此他主张哲学应该从天上拉回人间，强调人要认识自己。“认识你自己”一方面是要扭转古希腊早期哲学家单纯研究自然宇宙“始基”而忽视研究人自身的倾向，另一方面则要求哲学家应该回归到人的内心之中去探讨心灵的内在原则，以此为外在世界寻找根据。这个内在原则在苏格拉底看来，就是探讨人世当中诸如虔诚、正义、勇敢等德性的问题。因此，苏格拉底认为人的自我存在于世的价值即是追求德性，而“德性就是知识”。由此可见，西方自我观在其萌芽之初，就是与追求客观知识相关而具有了“求真”的本性。

到了柏拉图时期，对人自我的探讨则着力于对灵魂构成的划分。在《理想国》当中，柏拉图首次对灵魂做出了理性、激情和欲望的三重区分，把它们称为灵魂的三个部分，其中理性控制着思维活动，激情控制着合乎理性的情感，欲望支配着肉体。柏拉图认为人与动物的区别就在于理性，是人灵魂的最高准则，它是不朽的，与神圣的理念相关，而激情和欲望则是可朽的。因而，在灵魂和身体的关系上，他秉承了自己“理念”与“现象”之间的二分，认为灵魂至上和身心相分。这样人的自我就被赋予了纯粹的精神性和独立性。

亚里士多德作为古希腊哲学的集大成者和总结者，在对于自我的探讨上也主要集中于人的灵魂学说。首先，他对其老师柏拉图的灵魂观做出了批判：第一是批判柏拉图关于灵魂是独立的运动实体的观点，第二是反对身心二分的灵魂观。他认为灵魂必须有一个宿主，灵魂的活动是宿主的活动；因而，情感和知觉等活动不仅仅是灵魂自身的活动，而是与身体相互结合的。其次，他认为灵魂是有生命事物运动的原因，一切有生命的实体都有灵魂，植物、动物和人都属于有生命的实体，因而灵魂就可以分为植物灵魂、动物灵魂和人类灵魂；最后他的灵魂学说始终被形而上学的探讨所规定，灵魂也被看作一种特殊的形式，因而具有了存在论的味道。人类灵魂除了具有植物灵魂和动物灵魂的功能之外，还有理性思维的特殊功能，也称理性灵魂。所以，亚里士多德认为“人是理性的动物”。这样，人的自我也是被理性所规定，理性成了自我行动的根本动因和目的。

到了中世纪，人对自我的理解被基督教的信仰和哲学所规定。早期基督教的教父时期（公元2–6世纪）都力图从哲学的角度来论证基督教教义比古希腊哲学优越，因而基督教教义当中也具有了理性主义的色彩。基督教哲学对古希腊哲学的吸收，主要表现为其浓厚的柏拉图主义，即主张理念世界和现象世界的对立、心灵与肉体的对立以及精神至上等原则。与古希腊哲学主张纯理性的追求不同，基督教则认为神的智慧高于人的理性，人试图通过自身的理性来获得真理是一种妄求。因此，在对人的自我理解上，基督教首先认定人的有罪性，由此让人的自我意识到自身能力的有限，进而摒弃自救的幻想，投入到信仰当中来获得拯救。因此，中世纪基督教所要求人的三种美德即是信、望、爱，惟有通过这三种美德，有罪之我才能获得解脱。人的罪性和救赎成为了基督教对于自我的根本规定。

随着文艺复兴的到来，西方近代人的自我意识开始觉醒，文艺复兴时期的思想家们对于人的尊严、人的才能和自由等问题都进行了很多探讨。在人的尊严问题上，他们认为人不再是上帝可怜的被造物，而是上帝的杰作，是万物之灵。在人的才能问题上，他们认为人可以用上帝赋予的理性和感性去创造美好的生活，重视培养人的人文素养，以便让人具有优雅的语言、行为和高超的艺术鉴赏力，这样一种全新的自我形象已大不同于中世纪的经院哲学所要求的信徒形象。在自由问题上，人文主义者认为人的最高价值就是追求自由，即选择和创造自己生活的力量，自由是神赋予人的礼物。

然而，近代哲学和人的自我意识的真正开端，则要追溯到笛卡尔。黑格尔在《哲学史讲演录》中曾谈道："近代哲学的出发点是古代哲学最后达到的那个原则，即现实自我意识的立场……勒内·笛卡尔事实上正是近代哲学的真正创始人，因为近代哲学是以思维为原则的。独立的思维在这里与进行哲学论证的神学分开了。"[①]笛卡尔哲学的根基即"我思故我在"

① 黑格尔著，贺麟、王太庆译.哲学史讲演录，第四卷.北京：商务印书馆，1981年，第63页。

（I think，therefore I am）这一哲学命题，这一根基的建立，在于笛卡尔普遍怀疑的思考方法，在对感性世界和观念世界进行怀疑之后，笛卡尔认识到唯一不可以怀疑的只能是“我在怀疑”这一事实本身。“我思”包括了人的一切意识活动，不管是理性的还是感性的，抑或情感的。更为重要的是，“我思”是不包含任何内容的纯思想活动，如果有任何具体的内容和对象的思想，那么它也是可以怀疑的。因而，“我思”其实就只能是“思我”，即以自我的意识活动本身为对象的意识，即后来哲学家们所说的反思。这样，思想的主体和反思的主体在此是同一个实体，即人的自我。同样，“我思”与“我在”的“我”也是同一个实体。由此，人对自身的确定性和同一性通过纯粹的自我反思得以确立起来。

与笛卡尔的先验主义不同，英国的经验论者洛克则反对笛卡尔的“天赋观念说”。他以“白板说”来反对笛卡尔的“天赋观念说”，他认为人生下来心灵原是一块白板，上面没有任何东西。只有通过经验的途径，心灵才有了观念。因而，经验是观念的唯一来源。在对经验的理解上，洛克认为存在两种经验，即感觉经验和反省经验：感觉是观念的外在来源，它通过外在的刺激而产生；反省是观念的内在来源，它对通过感觉获取的观念进行再反思，从而得到新观念。虽然洛克反对笛卡尔的“天赋观念说”，但其经验论也预设了物质实体和精神实体的存在。尤其在心灵问题上，洛克不够彻底，它还保留了心灵这一精神实体，没有区分感觉与反省之间的主次问题。如果心灵的反省作用高于感觉的刺激作用，那么心灵的白板说就面临挑战。不过，洛克对于人感觉经验的重视，为以后的自我研究走向实证的路径开了先河，使后来的心理学更关注自我与经验、情感、社会之间的关系。

作为彻底的经验论者，休谟根本上消解了物质实体和精神实体的预设。在休谟看来，洛克的经验主义是不够彻底的，他未能把经验贯彻到底，而是为心灵留下了一席之地。因而，休谟取消了洛克关于观念来源的感觉和心灵预设，认为印象是观念的源头，把反省印象的来源归之于感觉印象。归根到底，一切知识的来源都是感觉印象。至于感觉的来源问题，则是人的知识所不能探究的。这样彻底的经验主义就根本否定了物质实体和精神实体的可知性，它们只不过是我们感觉到的一些性质印象而已，至于这些实体是否存在，则是人的知识不可知的。由此，休谟所理解的“自我”充其量只是一系列“知觉”的连续。因而休谟谈道：“……当我以最知心的方式体察我称之为自己的我那个东西时，我总是要碰上一种什么特别的知觉，冷或热、明或暗、爱或恨、苦和乐的知觉。我无论如何都不能抓住一个存在于知觉之外的什么自己的我，也怎么都不能觉察除了知觉之外还有什么。”①人的自我概念在休谟这里是缺乏内在统一性和稳定性的，因而，他的自我形象是不确定、孤独和绝望的。

如果不能从经验来获得自我形象和概念的同一性，那么则可从道德良知的角度来给予人以自我认同。在此问题上，帕斯卡尔认为人的自我标准不能听命于周围人的意见，个人自我意识的统一性和确定性不是表现在“自我”的经验素质上，而是要体现在个人所信奉和身体力行的道义原则上。但是，道德义务怎么同经验自我认识结合起来呢？康德就曾指出，“自我”这个概念是矛盾的，因而对自己的意识本身已经包含了双重的“自我”：1.作为思维主体的我，这就是纯统觉（纯反思的“自我”）；2.作为知觉和内部感觉的客体的我，即被主体之我所反思的对象②。在这里，自我既是道德良知的践行者，同时也是道德良知的评判者，因而，自我是充满矛盾的。

不论是唯理论还是经验论，他们对于自我的探讨都倾向于把“自我”作为客体，来探讨关于自我的客观知识，侧重于从认识论与存在论的角度来去探究自我，而对于自我本身的能动性和自由性却缺乏揭示。到了德国古典哲学时期，费希特则揭示了一个“无所不能”的活动主体，即自我。它不仅认识，而且设定、创造整个周围世界即他贬称为“非我”的东西。这种倾向主要是为了弥补18世纪唯物主义没有发现或没有重视个体的积极

① 科恩.自我论.北京：三联书店，1986年，第24页。

② 同上，第27页。

性与本质普遍性的问题。不过，费希特所说的通过自我意识来设定自身与整个世界的那个绝对自我，既不是经验的个体，也不是人格，而是一个以神为中心而非以人为中心的概念。费希特的自我是一种“神我”。

作为古典哲学的集大成者和总结者，黑格尔在自己庞大的哲学体系建构中也谈到了人的自我问题。黑格尔首先放弃了费希特“自我”是第一性、直接给定的实在性此种说法，他认为“自我万能”论把整个外部世界都变成了自我意识的化身，而实在之人的“自我”则是有生命的活动的个体，其生命就在于能把自己的个性表现到自己的和旁人的意识当中。其次，他也反对经验论者把“自我”归结为个体对自身单个性的认识，而是认为人的自我意识形成也要放到他人的生活当中去，是由“我们”去认识“我”的。因此，他将人的自我意识发展分成三个阶段：（1）“单个自我意识”，它只意识到自身存在、自己的同一性和同其他客体的区别；（2）“承认自我意识”，其前提是人际关系的产生，人意识到自己是为他人存在；（3）“全体自我意识”，即相互作用的“自我性”掌握家庭、乡里、国家以至一切美德的共同原则，从而不仅意识到自身的差异，而且意识到自己的深刻共同性和同一性，这种共同性就构成了“道德实体”，使个体的“自我”成为客观精神的一个因素、一个部分①。自我意识的发展是一个有规律可循、逐步上升的过程。在各个阶段，人的自我意识各与其相应的历史进程相适应。黑格尔强调，个体发现自己的“自我”不是通过内省，而是通过他人，通过个别向全体过渡的交往与活动。

不过，黑格尔的自我观仍然是唯心主义与抽象精神的。他不重视具体个体的独立意义；他认为教育的目的即是削平个体特点，引导精神去认识与追求全体。全体在黑格尔那里是以绝对理念的形式出现的。全体成了笼罩在具体个体身上的利剑，它吞噬和淹没了物质之我。因此，唯物主义者费尔巴哈则强调了自我意识对于物质的依赖。他首先承认了人作为物质性实体的“肉体”因素：“旧哲学的出发点是这样一个命题：我是一个

---

① 科恩.自我论.北京：三联书店，1986年，第30–32页。

抽象的实体，一个仅仅是思维的实体，肉体是不属于我的本质的；新哲学则以另一个命题为出发点：我是一个实在的感觉实体，肉体的总体就是我的‘自我’、我的实体本身。”①既然自我具有其肉体性的一面，那么它不仅是能动的，也是被动的，它自身会受许多外部的影响。因而，自我本身的构成也是多重的，不是“我思故我在”，而是“我在故我思”，首先是我的存在，才会有我的意志和反思。费尔巴哈还认为自我的本质即在于其对话性，它是通过与人交往而显示出来和形成的。

费尔巴哈把自我意识的形成归之于两人结对式的交往活动，而忽略了黑格尔所强调的人的“全体自我意识”这一社会共同体阶段。因而，其思想当中就有意地将个人与社会相互隔绝开来，尚未认识到社会关系对于个体自我的决定作用。在这一点上，马克思和恩格斯就意识到了传统理性哲学和早期唯物主义在认识人的自我上所具有的各种局限。在论述自我的问题上，马克思反对把“自我”起源归结于直接的人际交往，而是强调人是作为社会化的物种而出现，即马克思所说的“人是一切社会关系的总和”，因而不再是费尔巴哈所认为的“我与你”的二人关系决定着人的自我意识，此种二人关系必须置于更广的社会关系之中去考察。人的这种关系不是抽象的理性思辨，而是在共同的对象性活动中即劳动之中建立起来。人通过劳动工具与他人、自然界建立起了对象性关系，就把自身客体化于自己所创造的产品中。这样，人才能形成自身与物、与他人的区分。马克思和恩格斯对于人类自我的形成，注入了劳动实践和社会关系的因素，使人对自我的理解不再同于古典哲学纯粹思辨的自我观，自我不再只是一个孤立的精神实体，而是具有广阔社会关系和唯物主义色彩的具体个人。

如果说马克思主义哲学是对黑格尔思想体系的倒转，那么现代哲学则根本上试图反对整个西方思想的形而上学传统，即理性主义的传统。这样的传统预设了此岸世界与彼岸世界的对立，预设了世界有一个本质，这个本质即是理性。在古希腊，理性的表现形式即是理论理性，它以探讨世

① 《18世纪末–19世纪初德国哲学》，北京：商务印书馆，1960年，第565页。

界的本源为己任。到了中世纪，则强调实践理性，即对于基督教教义的实践，这个理性既为上帝的存在作证明，上帝本身也被认为是最高的理性。至近代，理性是以创造理性的面目出现，人被赋予了更多的自由与尊严。总之，整个西方哲学的发展史，就是一部理性不断演变的历史。因此，西方哲学的这种形而上学传统首先遭到了尼采的根本否定。尼采以“上帝死了”和“重估一切价值”为口号，宣布了西方传统哲学与宗教的消亡。他强调人的权力意志，反对将人设定为理性的动物，而是高举人的生命激情与创造能力，以“超人”的自我形象来对抗西方哲学思想与基督教教义所塑造的传统“末人”形象。因而，尼采高举古希腊代表非理性精神的酒神狄奥尼索斯来对抗代表理性精神的日神阿波罗，希望以此来反对传统哲学与宗教所造成的人自我生命力的萎缩与凋零，高扬人的主体自由与创造力，以非理性的情感来对抗理性主义的束缚，以“超人”的形象来反对基督教的奴隶道德以及通过宣布上帝之死来消除形而上学对自我的预设，从而让人成为自己的主人，自己通过自身的权力意志去创造世界。

从尼采奠定了现代哲学对于人非理性情感因素的强调之后，非理性主义的思想特质影响了现代许多哲学家，存在主义就是其中影响很大的一个哲学流派。法国的存在主义哲学家萨特与加缪就从不同角度探讨了现代人的自我形象。他们都强调个体自我的唯一性、不可复制性，强调个体在世的孤独感、绝望感、离异感和荒谬感。萨特认为“存在先于本质”，以此来对抗传统西方哲学所设定的“本质先于存在”命题，反对“人是理性的动物”这一传统命题，强调个人存在于世的本质是其行动，是自我的选择，只有选择与行动，自我才具有自由和意义。而加缪在《局外人》与《西西弗斯的神话》里则强调了人生在世的荒谬感，自我存在于世的孤独感、隔离感和放逐感。

无论是传统哲学还是现代哲学，它们在根本上还是设定了自我有一本质，这一本质可以是理性、情感，也可以是实践、意志。因此，后现代哲学则从根本上否定了这种本质的预设。如果说尼采以“上帝死了”来宣布现代哲学对古典哲学的决裂，那么福柯的“人死了”则宣告了现代哲学的形而上学预设的终结。人成了无家可归之人，人的自我形象是分裂的、碎片的和无意义的。自我的实体问题和价值问题遭到了根本的否定和嘲讽，人变成了无人称之人。关于这点，舒拉格（Calvin Schrag）谈道："主体被消解之后，关于自我身份、意识的统一性、集体和目标导向的活动等问题，都被搁置一旁。纵使不能完全消灭自我、主体和心灵等词像，我们最多能够说的是：自我是多重性、异质性、不断地改变，并且是没有起源和目标的。这就是后现代关于作为和心灵的人类主体的宣言。"

总体而言，西方哲学进程中的自我演变，是不断从理性主义走向情感主义，从单一本质走向多元本质的发展过程，最终走向无本质的方向。这些形形色色的自我观，反映了社会发展与社会意识之间紧密的关系，自我被当成一个客体来被研究，从而使对自我的探讨具有认识论、存在论与伦理学的倾向，以至到了后现代，自我则被当做一个伪问题来被消解和抛弃。

2.西方心理学发展过程中的自我观流变

到了19世纪下半叶，随着心理学成为一门独立的学科从哲学中分离出来，对自我的研究就被赋予了实证科学的色彩，具有了更多经验科学的痕迹，自我的结构、内容、社会因素等方面得到了许多心理学的解释和测量，而不再是停留于哲学阶段的种种理论范畴的预设和论证。

（1）威廉·詹姆士的自我观

第一个对自我感兴趣的心理学家是威廉·詹姆士。威廉·詹姆士在《心理学原理》中认为人的自我可以分为主我（I）与客我（me）两个部分。其中主我是知者（knower），是自我反思和认识的主体；而客我是被知者，是被自我反思和认识的客体与对象。由此出发，詹姆士把自我又具体分成物质自我、社会自我与精神自我三部分。物质自我包括每个个体所拥有的身体、财物等真实生活中具体的一切物质所属，社会自我则是被其他人所认可的社会价值及自身对此的评价，精神自我包含了个体的道德、价值、情感等因素。因而，自我在詹姆士看来本质上是人对自身的认识，是人的精神现象，是人的思维。

（2）弗洛伊德的自我观

作为精神分析学的开创者，弗洛伊德对于人的自我认识是具有革命性的。弗洛伊德1923年在《自我与本能》一书当中提出了自我人格结构的三重划分法，即人的人格结构包含三个方面：本我（id）、自我（ego）和超我（superego）。本我代表了人格当中最为隐秘的本能冲动，超我代表了严格的道德自我，自我则是处在本能与道德之间，代表了现实的社会自我。作为本我，其遵循的是快乐原则，其行动的主旨即是以追求本能的满足为依归。作为超我，则是以严格的道德要求来约束自我与本我，其原则是"至善"。而自我作为本我与超我之间的协调者，代表了日常生活中的个体，它遵守现实原则。在弗洛伊德看来，自我由于处在超我与本我之间，因而它往往是被动的、消极的，只有通过压抑、投射、升华等防御机制来缓解在世存在的困境，自我最为根本的压抑就在于性压抑，性压抑的喻像在弗洛伊德解释爱欲与文明时往往成为其理论的出发点。因此，他的自我观往往带有很强的泛性论色彩与生理学因素，对于社会文化与环境因素考虑较少。

（3）新精神分析学的自我观

继弗洛伊德开创了精神分析的方法之后，新精神分析学对于弗洛伊德的理论与方法多有继承与批判。以荣格、荷尼、沙利文等为代表的新精神分析学家更多地则从社会因素、文化因素、家庭因素等角度来探讨人的自我结构，与弗洛伊德不同，他们更强调自我所具有的积极创造性，自我不再是被动、消极地适应社会，而是具有了更多的能动性与参与性。此外，自我行为中的社会文化因素也被注入到了他们的研究领域，而不仅仅从生物因素来考虑个体人格的形成。比如荣格对于集体无意识的强调，对于原型的论述，等等。荷尼在《我们时代的病态人格》和《我们内心的冲突》等书里则从自我与社会、文化、他人的关系来思考个体自我人格的形成。

（4）人本主义学派的自我观

人本主义学派兴起于20世纪50年代，其代表人物是马斯洛和罗杰斯。该派对于自我的研究主要集中于人的"自我实现"，强调人在社会层面所追求的是自我实现和自我完善，认为人的自我不是被动接受过去的经验，而是积极主动地去创造自身的生活，自我是以理性为核心，具有自我康复、自我实现的需要。

马斯洛将人的“自我”需求分成了五个层面，即自我的生理需要、安全需要、归属与爱的需要、自尊的需要以及自我实现五个方面，自我在对这五个方面的追求和满足中实现自身。而罗杰斯则强调人的自我概念是我们对于自己是谁和我们看起来如何的主观知觉，他认为健康的自我具有如下标准：“自我”是以理性为主导，以自我实现为目标；健康的自我是开放的、无防范的；自我具有自我完善的能力和动力；自我能够关注自身和他人；自我是审美的、幽默的和具有创造力的。

（5）社会心理学派的自我观

社会心理学派代表人物是库利和米德。库利1902年在《人类本性与社会秩序》一书中提出了“镜中自我”（Looking-glass self）的著名理论，认为自我概念的形成是与他人、社会之间互动而建立的，他人就像一面镜子，从中可以看到自己，并将他人对自己的看法内化于自身，从而形成了自我意识。因而，他人和社会的标准其实成了个人自我评价的标准。

米德在继承了库利关于他人与社会对人自我意识形成所具有的镜像隐喻理论外，进一步提出了“符号互动”的理论。他认为儿童自我的形成，主要通过对各种社会符号的模仿而形成自我概念，比如儿童在游戏阶段通过扮演各种社会角色来实现自我认同，通过模仿他人的语言、表情、行为等来强化自身；而在竞赛阶段，儿童则学会处理各种角色，不再像游戏阶段所扮演的单一角色，从而具有了社会性的自我概念。

综上所述，西方思想中的自我观，无论是从哲学角度还是心理学角度来探讨，他们都强调将自我当作一个客观对象，坚持以理性主义的研究方法来求得关于自我的客观知识，在认识的发展上，逐步从单纯的精神性个体逐渐走向社会、文化和环境等多方面因素来考量人的自我形成，可以说是一个渐次细化、深化和量化的过程。

（二）国内研究现状及文献综述[①]

1.老庄思想中的自我观研究概述

老庄作为先秦道家学派的代表性人物，其思想中的自我观一直备受学界关注。从研究成果的主题来看，主要围绕“贵身”“无身”“丧我”“无己”“吾我”等话题展开。

身体作为自我构成的生理性基础，亦是老庄思想关注的重要议题。针对“贵身”还是“无身”的问题，来源于学界对《老子》第十三章主旨的解读。邓联合在《“贵身”还是“无身”——〈老子〉第十三章辩议》[②]一文中归纳了三种目前学界对于此章的解读，即“贵身”说、“无身”说、“无身”以“贵身”说。持“贵身”说的学者有冯友兰、陈鼓应、高明、李零、彭富春等，持“无身”说的学者有詹剑锋、高亨、张松如、张扬明等，持“无身”以“贵身”说的学者有蒋锡昌、刘笑敢、刘坤生等。作者认为，三种解读都有失偏颇，“贵身”论容易滑入“利己论”，与老子其他章节的“后身”“外身”“身退”及本章的“无身”思想相互矛盾；“无身”论则容易被理解为“无我”的“利他主义”，这也过于拔高了老子的政治哲学品格；“无身”以“贵身”说虽符合于《老子》全书之本旨，但就此章而言，蒋锡昌、刘笑敢、刘坤生的解析，都各有其问题。此中的分歧，究其原因，还是在于古今学者将“身”多误解为身体、身形，使其仅具有狭隘的养生义，甚至落向后世道教的神仙思想。因此，作者认为台湾学者陈佩君正确指出了《老子》此类（第七章、第九章、第十三章、第六十六章中之“身”）文句中的“身”不是指身体，而是主体的身份与地位，是一种基于政治社会相对价值标准的“主观意识”或“主体自我”，此“身”即处于统治地位的君王难以消除的自是自大、自贵自高的自我意识，或自我中心主义的偏私之我。

---

① 本部分内容曾发表于《宗教学研究》2022年第2期。

② 邓联合.“贵身”还是“无身”——〈老子〉第十三章辩议.哲学动态，2017年第3期。

针对邓文的解读，汪韶军在《无身即贵身与无身以为天下——〈老子〉第十三章通诠》中说“邓联合先生则坚称，‘身’只是一义，故贵身与无身字面上就相互矛盾，不能同时成立。他还认为，章末两句‘贵……爱……’的文本原貌已难以考证，但可以肯定，两句是互文关系。笔者不认同邓先生的这些判断。但持无身以贵身说者，亦未能就‘贵大患若身’以及贵身与为天下的关系给出合理、贯通性的解释”①。作者通过比对不同版本《老子》文本、古今重要注疏及研究论著后认为“章首两个命题断句为‘宠，辱若惊；贵，大患若身’，这一全新句读可帮助我们准确把握其含义，也初步显示出老子对‘身’的否定。进一步分析可以发现，无身与贵身原非矛盾对立的关系，老子实则认为无身即贵身，贵身而不稀罕天下，方可托以天下。这类思想看似吊诡，原因在于，老子并非始终在同一意义上使用‘身’这个概念。明乎此，学期长期以来关于无身还是贵身的争执，遂可得以解决。”②

从学界对于老子“身”论的分歧可以看出身体一词在先秦思想中的多义性、复杂性和重要性，葛红兵在《中国思想的一个原初立场——公元3世纪前中国思想中“身”的观念》③认为贵身论是中国先秦思想的基石之一，是中国思想的最重要出发点之一，在老子和孔子的时代，其思维是实体论的，作为代用品，他们还只是用“身”指代自我，“自我”就是“身”。对于“身”，作者认为汉语思想中至少有三个层面的意义：第一个层面是作为躯体，无规定性的肉体、身躯；第二个层面是作为身体，受到内驱力作用的躯体；第三个层面是作为身份的“身体”，受外驱力（社会道德、文明意识）作用，这是一种“身心”二分的做法，且将“心”作为主宰，后世汉语思想把身等同于身份，而忘记了更为本源的内驱力作用下的“身躯”。

---

① 汪韶军.无身即贵身与无身以为天下——〈老子〉第十三章通诠.西南大学学报，2019年第5期，第34页。

② 同上，第35页。

③ 葛红兵.中国思想的一个原初立场——公元3世纪前中国思想中“身”的观念.探索与争鸣，2004年第12期。

除了从“身”这一范畴探讨老子的自我观外，“己”作为第一人称代词也跟自我息息相关，宋德刚《〈老子〉“自”类语词哲学范畴释要》对此问题进行了专门探讨，认为前诸子时期已经出现了观念-思想化“自”类语词，而从《老子》开始，“自”类语词进入了哲学范畴，“自”类语词可分为“自”之“不自”“自华”“自然”这三个主要范畴，并具有存化论与宇宙论视角下的“不自”，存化论及政治论、价值论视角下的万物“自化”，“自然”观念及“自然”概念四层逻辑结构。①

庄子及其后学作为老子思想的继承者和弘扬者，也对自我的问题进行了深入探讨，其议题集中在“吾丧我”“至人无己”等之中，学界围绕这些问题的讨论也是各有侧重。张耀楠《试论〈庄子〉之“吾”和“我”的差别及其与“己”的关系》②认为庄子早就认识到了主体人格的分裂，看到了两个不同层次的“己”——“吾”和“我”，两者并不是绝对独立的东西，而是同一个“己”的两个方面，因此，作者赞同陈鼓应“吾”为真我，“我”为偏执之我的看法，也认同曹础基“吾，指今日得到的我。我，指没有忘己、忘功、忘名的我”。陈静则将“我”区分为形态之我、情态之我，认为“吾”不是形态之我，也不是情态之我，“吾”是自由的③，但没有明确给“吾”的含义作出确定。针对吾、丧、我三者的含义与关系，罗安宪《“吾丧我”义解》一文从辨析吾我丧、所丧对象及如何丧三个方面进行了重新阐释，认为：“吾”是普通的、客观化的我，而“我”所表达的则是特殊、情意性的我；“丧”不是“忘”，其本意是原来有而后丢掉，“吾丧我”不同于“吾忘我”，所丧之“我”，其实不是“我”本身，而是现实之中俗人之“我”的种种心理困顿和人生的种种窘迫④，可以说对“吾”“丧”“我”三者的解释颇有新意。关于此议题，陈少明则从注疏

---

① 宋德刚.《老子》“自”类语词哲学范畴释要.哲学评论，2018年第22辑。

② 张耀楠.试论《庄子》之“吾”和“我”的差别及其与“己”的关系.湘潭大学学报，1992年第2期。

③ 陈静.“吾丧我”——《庄子·齐物论》解读.哲学研究，2001年第5期。

④ 罗安宪.“吾丧我”义解.哲学研究，2013年第6期。

史回溯、吾我之辨、一个理解“自我”的框架、丧我之“丧”四个方面对《庄子·齐物论》中的“吾丧我”寓言这一经典案例进行了详细考辨，认为“吾”不会是以非吾为参照框架来确定的，因此，“吾”作为我不是他我，而是自我，自我因此区别于借非我来定位的“我”①。此外，孙吉洋则从“吾丧我”的历代注家对此一话题进行了梳理，认为历代注疏将“我”理解为感官意志合成的“假我”，血肉之躯的“形骸之我”及以自我为中心的“我执”，倾向于“我执之我”②。

除了上述就“吾丧我”这一个案分析外，杨荣国《〈庄子〉哲学中的个体与自我》则从整体对庄子哲学的自我观进行了论述，肯定了庄子对存在形态多样性、独特性的关注，认为“个体在广义上既指特定的事物，又包括个人，《庄子》从不同的维度对后者做了多方面的考察，其着重之点在突出个人或自我的内在价值及个体的不可忽视性”③。“吾丧我”所“丧”之“我”，乃是社会化、文明化的“我”，“丧我”或“无己”，都不是一般意义上否定或消解自我或个体，其所丧、所无都指向以礼乐仁义之“我”。④

2.哲学视域下的自我观研究

目前国内对于儒释自我观的研究，主要从哲学视域下来探讨，以总论、断代和个案分析为主，多数从中西方文化的背景进行比较。关于儒、释自我观的研究，论著方面主要有张世英《哲学导论》中的“论自我”、傅小凡《晚明自我观研究》、马小虎《魏晋以前个体“自我”的演变》等专著。期刊论文则有杨国荣《超越本然的自我——从儒学的演变看荀子的人格学说》、张琼《论孔子自我观》、李晓军《孟子思想中的自我意识》、傅小凡《论刘宗周的自我观》、顾红亮《龚自珍自我观与主体性哲学的开

---

① 陈少明．“吾丧我”：一种古典的自我观念．哲学研究，2014年第8期，第46页。

② 孙吉洋．《庄子·齐物论》“吾丧我”思想疏论．贵州大学硕士研究生论文，2017年，第1页。

③ 杨荣国．《庄子》哲学中的个体与自我．哲学研究，2005年第12期，第41页。

④ 同③，第44页。

端》、杨玉昌《禅宗与基督教的自我意识比较——以慧能和克尔凯郭尔为例》、董西彩《佛教的自我观及对灵魂不灭论的批判》等。张世英在《哲学导论》一文中对自我进行了深入探讨。[①]该文从禅宗与西方哲学关于自我观的角度来阐释中西方对待自我问题的不同观点，认为禅宗在解决自我问题上突破了西方哲学主客二分的认知模式，从而走上了超越自我之路。他认为禅宗的自我观可以分为“自我”与“本我”两部分，“自我”是我们日常所认识到的部分，即被当做对象来认识的实体，它是受制于外物与他人的，因而是不自由的。而“本我”则是超越了主客二分、超越了自我意识的“真我”，其特点就在于不执著、非实体（即非对象），既是宇宙整体，又有自己的个性。

傅小凡的《晚明自我观研究》主要从晚明有代表性的思想家如湛若水、王阳明、罗钦顺、王廷相、王艮以至刘宗周、顾炎武、王夫之、黄宗羲等作为个案，分别探讨了他们的自我观，其认为晚明自我观的特点表现为对理学的反叛，这种反叛主要从理、气、心三条路径展开。在自我的界定上，该文认为作为哲学范畴的自我具有本体意义，是实践、思维、情感、意志与审美的主题，又表现为区别他人的人格与个性。自我观是由理性本质与感性存在，个人与社会，现实自我与理想人格等三部分组成。

马小虎的《魏晋以前个体“自我”的演变》[②]一书主要阐述了先秦两汉魏晋时期不同历史背景下个体“自我”的演变过程、表现形式、内在规律以及历史效应。该文的特色是通过运用历史学、经济学、人类学、社会学和心理学多学科的交叉来探讨魏晋以前个体“自我”的历史演变，将当时的政治、经济、文化、心理等因素引入个体自我人格的研究当中，提出了“自然个体”“宗族社会个体”“国家社会个体”的自我表征形式，认为“自我”的内涵主要是一种生理、心理二元性的哲学模式，或身心二元性的逻辑构造，作为一种“实体的自我”是不存在的。在“自我”概念的时

① 张世英.哲学导论.北京：北京大学出版社，2002年。

② 马小虎.魏晋以前个体“自我”的演变.北京：中国人民大学出版社，2004年。

空展开形态与层次上，主要论述了个体“自我”认同依据、个体“自我”认同对象、个体“自我”同一性、个体“自我”意识、个体“自我”心理调节机制等不同内容。同时，值得一提的是，该文将心理学的因素考虑到了个体生存里面，比如探讨了恐惧感–保护感、羞耻感–荣誉感等心理要素在古代中国社会个体自我形成中的地位。

黎达的硕士论文《比较视野下的中西方“自我观”》[①]主要从导论、中西方“自我观”综述、中西方“自我观”比较研究三部分展开，认为西方自我观在目的论上求真，中国自我观则是求善。在本体论上，认为西方自我观追求普遍的真理，中国自我观注重独善其身的实践指导。在方法论上，认为西方自我观讲究对象化分析，中国自我观则注重整体感悟。因而西方注重从理性角度来探讨人的自我，而中国则注重从心性来修养自身。

在期刊论文方面，杨国荣《超越本然的自我——从儒学的演变看荀子的人格学说》[②]从知情意的角度看待早期儒家所追求的理性人格，认为荀子在划定本然之我与理想之我时走向了不同于思孟学派的道路，相对而言，荀子赋予理想人格以济世安邦、经天纬地的“外王”特性更重，因而具有了广义的实践路向。张琼《论孔子自我观》[③]从孔子自我观形成的背景、孔子自我观的形成、孔子自我观的特征及孔子自我观的意义、演变等角度对孔子的自我观进行了阐述。李晓军《孟子思想中的自我意识》[④]认为孟子思想当中的自我意识以“人能成为什么”及“人能否创造自己的生活”两个方面来入手，阐释了孟子以性善论为基础的人性观，以自我修养为主要方式的人生创造。

傅小凡《论刘宗周的自我观》[⑤]认为刘宗周对于人的主体性作用有独特见解，认识到理是人抽象思维的结果，理性思维可以超越有形的限制而

① 黎达.比较视野下的中西方“自我观”.四川大学硕士学位论文，2005年5月提交。

② 杨国荣.超越本然的自我——从儒学的演变看荀子的人格学说，《思想战线》1993年第1期。

③ 张琼.论孔子自我观.福建论坛（人文社会科学版），1992年第1期。

④ 李晓军.孟子思想中的自我意识.安徽文学，2008年第2期。

⑤ 傅小凡.论刘宗周的自我观.厦门大学学报（哲学社会科学版），2000年第2期。

达到无限，但同时他将人的生命与人的精神直接同一，将“独体”作为人的意志本体，主张理智与意志的结合，以压抑人的感性欲望，因而其自我具有禁欲主义的色彩。顾红亮《龚自珍自我观与主体性哲学的开端》[①]认为龚自珍的自我观主要有三个方面的意味，即本体论上的实体化自我、社会学意义上的感性自我和伦理意义上的道德自我。杨玉昌《禅宗与基督教的自我意识比较——以慧能和克尔凯郭尔为例》[②]从自我觉醒的方式：顿悟与“信仰的跳跃”、自我的意义：“人佛不二”与“人与神的本质差异”、自我的归宿：超度与拯救等三个层面进行了比较。董西彩的《佛教的自我观及对灵魂不灭论的批判》[③]主要从宗教哲学心理学的自我灵魂观、佛教对自我的总体认识、佛教对哲学“神我”观的驳斥三个方面对佛教的自我观进行了阐释。此外，其他关于佛教自我观的研究，陈兵先生在其《佛教心理学》第九章中介绍和评述了学界、教界、西方心理学的相关观点[④]，在此就不赘述。

3.心理学视域下的自我观研究

从心理学角度来理解人的自我和人格等问题，一直以来是学界关于自我观研究的重点和前沿，区别于哲学层面的玄思，心理学在实证、普通心理学、发展心理学层面都有其优势。在国内的心理学研究方面，主要有陈兵《佛教心理学》、朱滢《文化与自我》、张钦《道教炼养心理学引论》等。

《佛教心理学》在第九章“自我与人格”中广引经论，分别从何谓“我”，五蕴非我、蕴中离蕴皆无我，假我、无我与真我，从建立自我意识到无我、真我等方面系统阐释了佛教“自我观”，认为“佛法力说无我的本意，是破除众生各种错认非实我为实我之见，引导其通过如实正观无我，证得真正的实我——涅槃真我、佛性大我。此为佛教无我说的究竟义

---

① 顾红亮.龚自珍自我观与主体性哲学的开端.学术月刊，2005年第8期。

② 杨玉昌.禅宗与基督教的自我意识比较——以慧能和克尔凯郭尔为例.广西社会科学，2007年第2期。

③ 董西彩.佛教的自我观及对灵魂不灭论的批判.新疆师范大学学报（哲学社会科学版），2006年第2期。

④ 陈兵.佛教心理学（修订版），上册.苏州：弘化社，2014，第537-624页。

及出发点”[①]。在与西方心理学关于自我意识的对比时，作者认为“西方心理学的自我意识，是生命主体意义的、人格意义的、心理学意义的和伦理学意义的，相当于佛学的假我、俗我，虽然假而非真，但从世俗谛看，也非子虚乌有，对人的世俗生活乃至佛教徒的修行来说，非常重要。对这种自我，佛学论述较少，而西方心理学却十分重视，有颇为深入的研究。”[②]可以说看到了佛教传统心理学所忽视的一些领域，假我、俗我其实是“真我”得以修真的基础和前提。

朱滢的《文化与自我》[③]主要介绍了当前心理学对于自我研究的前沿方法和理论，将神经科学的实证研究方法引入人的自我观研究，认为西方哲学、西方心理学、西方（被试的）神经科学这三个层面在自我概念（结构）上是一致的，即都突出个体的自我自身，排除自我与他人的联系，在哲学上突出个体自我的主动性，不讲个体与他人的关系，在心理学上突出个体自我的独立性（与他人无联系），反映在大脑活动上，内侧前额叶只表征自我不表征母亲；中国哲学、中国心理学、中国（被试的）神经科学这三个层面在自我概念（结构）上也是一致的，即都突出个体自我与他人的联系，在哲学上强调本我决定自我，自我与他人、他物有着千丝万缕的联系，在心理学上强调自我包含着父母、好友等亲近之人，反映在大脑活动上，内侧前额叶既表征自我又表征母亲。因而，朱滢认为西方人的自我是独立的、非联系的自我（unconnected self），中国人的自我是互依的、联系的自我（connected self）。该书分六个专题来论述文化与自我的关联，即哲学的自我、心理学的自我、心理学的自我（I）：自我参照效应与母亲参照效应、心理学的自我（II）：自我参照效应的机制、心理学的自我（III）：自我面孔识别与自传记忆、神经科学的自我。

道教心理学方面的研究，主要有张钦的《道教炼养心理学引论》[④]。该

---

① 陈兵.佛教心理学（修订版），上册.苏州：弘化社，2014，第575页。

② 同上，第581–582页。

③ 朱滢.文化与自我.北京：北京师范大学出版社，2007年。

④ 张钦.道教炼养心理学引论.成都：巴蜀书社，1999年。

书主要从道的感知论、道的情欲论、道的识神元神论、守一存思术身心炼养研究、服气胎息术炼养研究、房中术炼养研究、内丹术身心炼养研究以及内丹术的现代化与现代分析心理学八个方面对道教炼养心理学的理论与操作进行了全面探讨。

4. 道教视域下的自我观研究

目前国内学界对于道教自我观的研究，专门的探讨还比较少，多从道教生命哲学、道教人学、道教心性学、道教人格等层面进行揭示和阐述。

从生命哲学的角度来切入道教教义，是目前国内道教研究的一个重要方向。李刚《道教生命哲学的特性》《葛洪及其人生哲学》《成玄英的人生哲学评说》等论文就对道教的生命哲学进行了全面和具体地探讨。《道教生命哲学的特性》[①]一文认为道教生命哲学具有三大特性：主体性、实证性和超越性，其中主体性就探讨了道教人士自我意识的觉醒和形成。《葛洪及其人生哲学》[②]则从儒道观、伦理观与政治观等角度来探讨葛洪的人生哲学和生命哲学，在儒道观上，葛洪认为道本儒末，但儒道不能偏废；在生命伦理观上认为积善与修仙并行不悖，二者互为表里；在生命政治观上，主张身国统治，身治则国治。《成玄英的人生哲学评说》[③]主要从参悟生死、心性超越和道本儒迹三个方面论述了成玄英的人生哲学思想，在“参悟生死”中谈到了成玄英“肉身非实，人本无形，我本无身”“随变任化，与化俱往，死生听任自然”“齐一生死，生死不二”等生命观。

李大华《生命存在与境界超越》[④]主要从生命本体论与修炼论两个角度来探讨道教生命哲学的本体与方法。在上篇“生命本体论”中，他将道教生命哲学的本体分为自然本体与生命本体，其中自然本体主要包括道本体和气本体，生命本体则包括了道气和性命，同时还对道教生命哲学的特征进行了揭示，认为道教生命哲学具有本体即现象、精神生命与肉体生命不

① 李刚. 道教生命哲学的特性. 江西社会科学，2004年第9期。

② 李刚. 葛洪及其人生哲学. 文史哲，2000年第5期。

③ 李刚. 成玄英的人生哲学评说. 四川大学学报，2001年第1期。

④ 李大华. 生命存在与境界超越. 上海：上海文化出版社，2001年。

分离、有中存无、理性与非理性、融合个体生命与宇宙生命等特性。在下篇“修炼论”当中，主要论述了生命结构论与生命感悟论，凸显了道教修炼过程中对于“悟”的重视。

杨玉辉《道教人学》[①]是目前国内对道教人学进行系统研究的第一本专著。该书主要从人的本质结构、人体的脏腑、人体的经络、人的生活历程、世界的层次结构与人的最终归宿、人生存的特性、修道的意义、价值和修道需要的素质、修道的基本原则、修道方法、内丹、道教人学观与儒家和佛教人学观的比较、道教人学的特点、内在矛盾及其现代意义等十二个方面对道教人学的体系进行了论述。在人生存在的特性上，提出了生难永恒性、形体滞碍性、苦痛常伴性、祸福无常性等观点。在论述道教人学的特点时，论述了个体性、全面性、系统性和科学性等特点。总体而言，《道教人学》一书对于道教关于人的知识进行了较为系统和具体地论述，但这也还是对宏观的“人”、大写的“人”进行总结和论述，对“自我”问题的微观分析还可以再进一步商讨。

陈昌文《道教人格的社会形态》[②]一书主要从道教人格及其历史、环境关系、个案分析及延伸与发展、宗教与日常哲学等四个方面来展开对道教人格的研究。在第一部分探讨了道教人格的历史变迁、历史典范及泛道教人格的历史模型。在“环境关系”这一部分论述了政治、帝王态度、性格特征、人口等因素对于道教人格塑造所起的作用。第三部分“个案分析”则主要以葛洪为对象分析了其独特的个性品格。整体而言，比较侧重于社会、文化侧面来考察道士人格，不失为我们了解道教自我观的一个参考向度。

道教心性学是我们理解作为大写人之“自我”的一个面相，这方面的主要著述为张广保《金元全真道内丹心性学》《道家的根本道论与道教的心性学》，作者指出“心概念是全部心性之学的核心，无论禅宗，还是道教的心性之学，其核心概念都有两层含义：一是作为主体的心，二是作为

① 杨玉辉.道教人学.北京：人民出版社，2004年。

② 陈昌文.道教人格的社会形态.成都：四川人民出版社，2004年。

真体的心”[①]，指出“中唐道教心性之学特异于禅宗及后来理学心性论的一个最重大的特点便是倡导形神双修双证”[②]，可以说是抓住了道教心性论的核心所在。

笔者的博士论文《驯服自我——王常月修道思想研究》[③]侧重于个案研究，借用弗洛伊德“本我”“自我”“超我”的概念和理论，从修道者自我冲突的角度切入清初全真道龙门派第七代律师王常月的修道思想，偏向于哲学和精神分析学的角度来揭示道门人士在求道、入道、修道和证道过程中所经历的自我冲突和自我驯服，只能是说一个个案的研究，尚未能从整体上把握道教自我观的相关问题。

刘恒《心性灵明之阶——早期全真道情欲论思想研究》[④]从道教情欲论的基础、全真道情欲论概述、全真道对基本生理欲望的超越、全真道情欲论的特点四个方面对早期全真道情欲论思想进行了梳理，认为早期全真道的情欲论有其独特宗教追求、心性结构，通过超越情欲来实现炼己达真之路，从一个侧面反映了早期全真道人为得道所进行的自我控制之术。

此外，形神、身心等问题与人之自我关系密切，李刚认为道教所谓“形”与西方哲学、宗教所指的肉身并不完全相等，相比较而言，其内涵更为丰富，不仅指人之肉体，而且指神仙之形体[⑤]。在《道教的身体观初探》一文中，李刚还指出早期道教在世人心目中，是以“练形”而著称，后来遭到儒佛之尖锐批评，道教逐步将其所关注的重点指向了“炼神”，大体说来，汉魏南北朝道教注重炼形，隋唐以后其关注点在于炼神，不论炼形还是炼神，道教在根本上其实还是讲究形神具妙。[⑥]孔令宏《道家、道教的“形”“神”观》则从形神仙后、形神主从、形神分合、形神与气、

① 张广保.道家的根本道论与道教的心性学.成都：巴蜀书社，2008年，第153页。

② 同上，第174页。

③ 朱展炎.驯服自我——王常月修道思想研究.成都：巴蜀书社，2009年。

④ 刘恒.心性灵明之阶——早期全真道情欲论思想研究.成都：巴蜀书社，2010年。

⑤ 李刚.伪道养形，真道养神——〈西升经〉的形神观探险.宗教学研究，2009年第1期。

⑥ 李刚.道教的身体观初探.天府新论，2009年第6期。

形神俱妙、形神理论与道教法术探讨了道家道教的“形神观”，认为形神观是道教宗教实践的前提和理论指南，道教哲学大大丰富、发展了道家的形神观。[①]蔡林波《形与真：道教“形”论思想阐释》梳理挖掘了“真形”观念的历史流变并指出其在道教生命哲学和实践体系中的核心地位，进一步推动了道教“形神”观的研究。其认为道教的“真形”观经历了从经验论到本体论、由本体论转向心性论、从理论化走向仪式化的三次发展飞跃，与那些去除了“形”而追求纯粹、不灭之“神”的宗教不同，道教是以“形”统摄“神”，把“形无灭”作为终极追求目标并演绎“形”的独特宗教。[②]

综上而论，学界目前关于自我观的研究，取得了不错的研究成绩，具体体现在以下几点：一是多学科的交叉研究视野使自我观这一问题不仅仅停留在哲学、宗教视域之下，尤其在心理学的介入下，为我们理解自我提供了更多前沿的医学手段和实证手段。二是中西文化比较的视野让我们能够站在更广阔的平台来审视儒释道文化熏陶下中国人的自我及人格特征，为建构健康的自我意识提供了不同的参照系。三是细致入微的概念辨析，为我们推进理解道教关于“吾”“自”“己”“我”等概念提供了研究范式，也是我们深入理解道教自我观的重要理论基础。

当然，相对于道家自我观等研究而言，在道教自我观这一问题上，学界目前多偏重于哲学、心理学、社会学等宏观层面的建构，对大写的“人”及其自我讨论比较多，对基础性的“吾”“自”“己”“我”缺乏更为细致地考辨，对道教自我观的发展历史、经典文献和个案分析缺少挖掘和研究，尤其在自我构成、自我认同、自我实现、自我意识等问题上还有进一步深入研究的空间，发掘古老道教关于健康、乐观、和谐、自由之自我的相关炼养知识和功法，对处于现代社会的亚健康人群有诸多裨益。此外，目前学界在道教哲学研究方面偏重于宇宙论、本体论、心性论等层

---

① 孔令宏.道家、道教的“形”“神”观.社会科学战线，2014年第12期。

② 蔡林波.形与真：道教“形”论思想阐释.四川大学学报，2015年第5期。

面，对于“我思”之“我”的本根性地位探讨不够，这也是道教哲学研究领域今后值得进一步挖掘的课题，为道教哲学深入到更深层次的生存论领域提供基础。

二、自我观的界说

所谓“自我观”，其实就是“观自我”，指的是每个人如何看待自己，进而就是如何看待他人与世界，由此形成了一切关于自我的系统理论。在认识自我的问题上，它包含了以下主要的核心问题：（1）我为何会意识到自身，即自我的觉醒问题；（2）我是谁？即自我的认同问题；（3）我要做什么，即自我的实现问题；（4）我与他人、社会之间该如何相处，即自我的他者观和社会观等问题。

从上面我们对中西方自我理论的考察当中，我们知道，不同的哲学、宗教、心理学流派对自我都有各自独特的看法。从道文化的角度来看，其自我观主要指的是道门人士在认识和体证了现实世界的虚无本质之后，建立起以追求“得道成仙”为个体自我最高人生目标，以修真、虚己与同性为主要修行手段的一整套关于个体自我的系统知识和实践方术，这样一种自我观，主要具有纯阳无阴、形神兼具、喜静厌动等特性。在其具体内容上，主要包含了自我意识、自我构成、自我认同及自我实现等主要内容。

在自我意识问题上，道门人士之所以会意识到自己之为自己，首先即在于他们在世存在的虚无体验，这种虚无体验体现在身、心、世三者的空无自性，不能长存。其次，在于道门人士对人生在世的冲突感有深刻认识，这种冲突感彰显了个人生存于世的种种艰难。最后，道门人士对于人在宇宙中的地位有深刻认识，认为人为万物之长，因而人与物就得以区分出来。

在自我构成问题上，道门经典也谈到了自我的孕育、自我的身体、自我的情欲及自我的性格等问题。在自我的孕育问题上，道教认为人身之形成是经历一月受气，二月受灵，三月含变，四月凝精以至十月司命勒籍而生。在自我的身体构成上，强调了精炁、魂魄、性命、三尸、元神等物质、精神要素的混合性。在情欲、性格等问题上，道教一般是主张制情遣欲，举止有度。

在自我认同问题上，道人的自我主要建基于存在论认同、世界观认同和惩罚论认同这几个层面。其中存在论认同主要指道门人士对于道之存在有根本的坚信，世界观认同则指道门人士认同道教关于远古盛世和当今末世的预设，惩罚论认同强调了道教人士对于正义及正义实现之途的渴望，同时也反映了道门人士对于人心之警诫和对于平等的追求。

道教的自我实现主要包含自度与度人两个方面，而自度与度人，其所关涉的主要问题则为自我与真理、自由和平等。因而，在追求自我实现的过程中，道门人士对于人的真理、自由、平等等问题都进行了自己的思考。在真理问题上，道门人士希冀通过修道来与道合真，因而道即是真，其他即为假，在真理论是一种“符合论”。在自由问题上，主要通过虚己的方式来从物役、情劳、人患中解脱出来，以放弃人的基本意志来获得内心自由。在平等问题上，则诉诸于道性平等，求得宗教意义上的平等解脱，而不是通过社会实践、变革来求得现实政治、经济及社会地位的改善。

第一章　自我意识论

自我意识是人对自身作为独立个体身份的一种觉知、认可和实践，这样一种自我意识的觉醒，使得他们能够意识到自身生命的不同。此种不同，首先表现在自身与万物之间的相分，而能彰显人作为万物之灵的尊贵；其次，通过自身与常人（他者）的相分，而能超凡脱俗，成圣成仙成佛，走向本真的自我。

从人与万物之相分上看，《老子道德经河上公章句·虚用第五》有言："天地生万物，人最为贵。"[①]早期道门这种人尊于万物的思想就使得他们意识到人不像万物那样自生自灭，任由天地自然运化，流转于生灭无常之中，缺乏意志。人为何能为万物之灵呢？因为"人能使形无事，神无体，以清静致无为之意，即与道合。"[②]人之所以为万物之长、之灵，就在于"人能使"，这体现了人自我意志的自觉运用，使得人得以区别于万物的自生自灭，无有意志。虽然人为万物之长，但不是每一个人都能自我觉知，如《皇人经》所言："夫人是有生最灵者也！但人不能自知，不能神，以却众恶耳。知之者，则不求佑于天神，止于其身则足矣！"[③]因而，只有那些自我觉醒了的人，才能意识到回归自身来区别于他物及他人。

从己与人之分看，有两个层次的相分：一是己与身之分，二是己与人

① 王卡.老子道德经河上公章句.北京：中华书局，1993年，第18页。

② 《无上秘要》卷5，《道藏》第25册，文物出版社、上海书店、天津古籍出版社，1988年，第14页。

③ 同②。

之分。人与自身之区分，主要体现在道人对自身情欲的拒绝，如《老子道德经河上公章句》所强调的："人能除情欲，节滋味，清五藏，则神明居之也。"[①]情欲之盛，莫过于食、睡、色三欲，如《清和真人北游语录》卷一所述之："况修行之害，三欲（食、睡、色）为重。不节食即多睡，睡为尤重，情欲之所自出。学人先能制此三欲，诚入道之门。"[②]身之所出，即是七情、六欲等感官性的东西，因而人要与自身相区分，即是与己之情欲相分。

己与人之分，主要体现于道门人士的精英意识，即道人与常人的相分，超凡入圣。何谓常人呢？如王常月在《碧苑坛经》所说的常人生活：

> 生男育女，娶妻买妾，儿孙父子，功名富贵，爬家撑产，买田买地，披细穿缎，著绣拖罗，贪淫乐欲，杀生害命，美口充肠……[③]

从上可知，道门人士的自我意识觉醒，源于他们自身对于人与万物、他人的相分之中所获得的觉知，从这些觉知当中，我们可以意识到道教思想所体现出来的一种意志自觉，这些自觉的意志，体现在道教文献当中对于炼己、修己、克己等思想的记载与强调之中。

第一节　自我意识觉醒的表现[④]

道士在尚未出家以前，也是一介凡夫，他们之所以能够异于常人，就在于他们意识到了自身生存的紧迫性，这种紧迫性最直接的表现，就在于

① 王卡.老子道德经河上公章句.北京：中华书局，1993年，第18页。

② 《清和真人北游语录》卷1，《道藏》第33册，文物出版社、上海书店、天津古籍出版社，1988年，第155页。

③ ［清］王常月.碧苑坛经，藏外道书，第10册.成都：巴蜀书社，1994年，第181页。

④ 此部分内容曾发表于《宗教学研究》2012年第4期。

他们认识到了人存在的短暂性和偶然性。这种深刻认识之根本，即在于道门意识到了人的“有死”。正是带着这种对死亡的恐惧、抗争，道教才发展成为一种以追求长生不死、得道成仙为鹄的之本土宗教。

一、道门论“己”“自”“我”

省己的传统在先秦的典籍当中多有体现，如《道德经》第三十三章所言：“知人者智，自知者明。胜人者有力，自胜者强。”[①]老子在此特别强调人要懂得内省自己，一个人只有对自身有深刻地认识，才能活得明白、强大，所以老子反对自我膨胀、自我夸耀，如《道德经》第二十四章言之：“自见者不明；自是者不彰；自伐者无功；自矜者不长。”[②]从现实生存的角度而言，老子主要从当时的乱世之中来总结这种自处与处世之道，个体只有通过放弃自我劣性的一面来求得现实的自保，在自保的基础之上，再谋求大道层面的解脱和长存。

作为儒家经典之代表，《论语》当中也有很多关于自我反省的记载，如曾子著名的“三省”：“曾子曰：‘吾日三省吾身——为人谋而不忠乎？与朋友交而不信乎？传不习乎？’”[③]儒家之道，多是人伦礼乐之道，因而其内省的内容，也多是围绕君臣、夫妇、父子、兄弟、朋友等五伦而展开，其自我的观念是一种依赖性范畴。

同样，作为思想来源“杂而多端”的道教，其入道、修道之方，也对于炼己、自省、无我的强调比比皆是。

炼己筑基是很多道派修炼之法的第一步。对炼己的强调，道教的很多典籍都有记载，如陈至虚在《紫阳真人悟真篇三注》当中所言：“金丹之道先须炼己，使神全气盛，七情不动，五贼不乱，六根净尽，精难摇

① ［晋］王弼.老子道德经.诸子集成，第3册.北京：中华书局，1954年，第19页。
② 同上，第13–14页。
③ 杨伯峻.论语译注.北京：中华书局，1980年，第3页。

动。”[①]除了金丹之道要炼己外，道门人士在祭炼之时也特别强调己身之纯粹，以骇鬼神，如王玄真在《丹阳祭炼内旨序》说：“夫祭炼者，祭，所以祭鬼神；炼，所以炼自己也。苟不炼己，则鬼神不能升度，或不能饱暖，则鬼神未免饥寒。”[②]己之所以要炼，就在于人的自我是一个复杂的人格综合体，此种复杂性在于人既是身体性的动物存在，也是灵魂性的精神存在，而己的身体性，就体现于人有情、有欲，容易受到感官刺激的指引。因而修道之基，首要之事就是要控制自我的情与欲，以求得神全、气盛、精实。

道人之所以能够走向炼己之路，原因之一就在于他们具有追求超凡脱俗、渴望得道成仙、摆脱人世烦恼和局限的形上冲动。除此而外，还在于他们具有极强的自我反省意识，认识到自身所具有的种种恶性、劣习以及对自身个体独特性的渴望，因而道教的修行之道也特别强调人的自治、自胜，如《清和真人北游语录》卷三中尹志平论己恶、人恶：“……殊不知外恶未去，己恶转生，比之元恶，又不知加几倍，此所以人多习至全恶而终不自省，不如将己之恶去尽，则是无对，外恶从何而生？修行人止是自治，或独居，或与百千人居，亦止自治而已。”[③]此种自省的功夫主要强调人的自律，而“自”需要“律”，是因为自之复杂性。自之复杂性，一方面在于自是自身，己之种种恶念、邪念、恶行，只有自己最清楚，因为己恶具有私密性、隐蔽性；另一方面则在于自之种种欲望，而欲望之有，则在于人之有身，肉身的存在决定了己生存于世的危害性，对此，王常月在《碧苑坛经》中直接指出了人身之局限：“缘身乃血气所化，血气非不败之物，实为生死之根，祸患之本，连累我之心者也，戕我之性者也。好色贪淫，只为此身；图快乐、争名夺利只为此身受用；犯法招刑，生灾惹祸，

---

① 陈至虚.紫阳真人悟真篇三注，卷3.道藏，第2册.文物出版社、上海书店、天津古籍出版社，1988年，第996页。

② 《道法会元》卷210，《道藏》第30册，文物出版社、上海书店、天津古籍出版社，1988年，第312页。

③ 《清和真人北游语录》卷3，《道藏》第33册，文物出版社、上海书店、天津古籍出版社，1988年，第171页。

皆是从此身起。”[①]身是自之身，自是身之自，肉体的在先性决定了自我存在的复杂性和悖论性。

炼己、自省的目的是达到忘我、无我，所忘、所无之我乃小我、假我，以成就大我、真我。在“我”之问题上，常人一方面容易执迷于“物我对待”，另一面则执迷于“人我是非”。这一切问题的产生就在于人之有“我”，而人之有“我”，就容易形成自我中心主义，自私之我就成为其思考和行动的起点与终点。这样，物与人就会成为“私我”的对象，成为我利用、占有与征服的工具和附属品，由此，“物我”“人我”就走向我的对立面。因而，道门人士强调一方面要“物我两忘”，如姬至真在《云山集》卷4所言：“人心猛过山中虎，敢放斯须喜怒生。安置本然清静地，两忘物我自和平。”[②]另一方面则更深一层，强调“物我两空”，以破我执，如成玄英在《南华真经注疏·田子方疏》中所言：“物我皆空，百体将为尘垢；死生虚幻，终始均乎昼夜。”[③]

在“人我”问题上，道门人士多强调修行之人当远离世俗之见的“人我是非”，认为“人我”是修行的一大障碍，如马钰在《洞玄金玉集》里论道：“人我山头生死关，劝人推到人我山。人我既除心性善，自然跳出生死关。”[④]那何谓人我呢？《析疑指迷论》有言：“夫我者，心即是也；人者，境即是也。若心境两忘，则人我山倒矣。”[⑤]人我的问题，其实是心与境的问题。心是自心，境是外境，人之所以有人我，就在于人有心、有境。而人能有心、有境，则在于人之有我，有我则有人，有人即成境，我如果不执著于己是人非的优越感和成就感，那么人我就可以破除。

---

① ［清］王常月.碧苑坛经，藏外道书，第10册.巴蜀书社，1994年，第175页。

② ［元］姬志真.云山集，卷4.道藏，第25册.文物出版社、上海书店、天津古籍出版社，1988年，第391页。

③ 郭象注、成玄英.南华真经注疏·田子方疏，卷23.道藏，第16册.文物出版社、上海书店、天津古籍出版社，1988年，第537页。

④ ［金］马钰.马钰集·洞玄金玉集.济南：齐鲁书社，2005年，第19页。

⑤ 《析疑指迷论》,《道藏》第4册，文物出版社、上海书店、天津古籍出版社，1988年，第950页。

总而言之，道门人士对于己、自、我的论述，反映了道教思想所具有的个体性自觉，此种自觉使得道教的信仰实践得以落实到每个个体的信仰者身上，从自身自度开始，最终走向度人的大乘之路。

二、死之不替——“子孙成行，大限难替”

一个人能够开始思考自身之为自身，是因为人意识到了自己与他人、他物的不同，此种独特性的彰显，往往被人生在世的种种有限性所规定。在人生的种种有限性之中，人终有死是最为根本、无可替代、最让人恐惧与警醒的事实。

对于死亡本己性的探讨，我们也可以从西方现代思想家的著作当中看到。如海德格尔在《存在与时间》当中对于死亡的精彩论述：“只要死亡‘存在’，它依其本质就向来是我自己的死亡。死确乎意味着一种独特的存在之可能性：在死亡中，关键完完全全就是向来是自己的此在的存在。死显现出：死亡在存在论上是由向来我属性与生存组建起来的。”[①]死就其本质而论，其是本己的，别人不能替代自身去经验自己之死。而常人往往沉迷于日常生活之中，自身之终有一死这一事实就往往被有意、无意地被掩盖：“常人掩盖起死亡之确定可知性质中的特有性质：死随时随刻都是可能的。何时死亡的不确定性与死亡的确定可知结伴同行。日常的向死缠着赋予这种不确定性以确定性并以这种方式来闪避这种不确定性。”[②]死亡之所以是不确定的，是因为每个人不可能确知自己死于何时、因何而死；同时它也是确定无疑的，人作为肉身的存在，终归逃不脱有生就有灭的自然法则。

对死亡的本己性体验与恐惧性心态，在道教的许多文献之中可以看到。可以说，道教思想的核心即是对于此种死亡恐惧的克服，以不死代替有死、以长生对抗暂存。

---

① ［德］海德格尔著，陈嘉映、王庆节合译.存在与时间（修订译本）.生活·读书·新知三联书店，2006年，第276页。

② 同上，第296页。

对死亡本己性的体验，如元人刘处玄在《仙乐集》有云："子孙成行，大限难替。今古人间，悟者有几。"[①]大限之日，即是人生离世之日，人之有死，是世俗之亲情、名利等所不能替代和改变的。对此，太玄子在《上清太玄鉴诫论》也强调："这生死，儿女也替不得。如人上坡，各自努力。"[②]死亡之不可替代性就在于个人之不可重复性，子孙、儿女虽然是自身血脉之延续，但是他们终究不是自己。因而，我不可替代他们，他们也不可以替代我。

死亡带给人的这种本己性体验，往往会使个体对人之有死充满疑惑、茫然，不知道人死之后当归向何处，如《清和真人北游语录》卷二中尹志平所述儿时之经历：

> 吾方五岁，是岁寒食，仅百人须日未出。礼毕既散，归宴乐游嬉，各从所欲。吾独有感，私念祖先悠悠，不知所往；人之有死，亦不知所归，心思惘然。[③]

人只有开始思考自身的死亡，才能意识到自身之为自身的独特性和有限性，人真正的自我意识也才可以说是觉醒了。因为悟死之法可以让我们看到世间何者为真、何者为我、何者值得我们去追求。在这种人生速朽性、短暂性、无常性的体悟之下，个体才能专心修道，以求悟道。由悟死而悟道，如《清和真人北游语录》中尹志平所述之：

> 长春师父尝言：我与丹阳悟道有浅深，是以得道有迟速。丹阳便悟死，故得道速。我悟万有皆虚幻，所以得道迟。悟死者，当下以

---

① ［金］刘处玄.水云集，谭处端、刘处玄、王处一、郝大通、孙不二集.济南：齐鲁书社，2005年，第118页。

② 《上清太玄鉴诫论》,《道藏》第24册，文物出版社、上海书店、天津古籍出版社，1988年，第938–939页。

③ ［元］段志坚.清和真人北游语录，卷2. 道藏，第33册.文物出版社、上海书店、天津古籍出版社，1994年，第165页。

死自处，谓如强梁。人既至于死，又岂复有强梁哉？悟虚幻则未至于死，犹有经营为作，是差迟也。[①]

悟人之会死和悟万有皆空，二者层次上确实高低立见。人意识到自身会死，自然就能感到万事皆空，无有自性，不能长存，万事皆假。而悟万有皆空则还停留在世间万象之上，还是著相修行，有为功夫居多，所以还未深入到人生的最根本，所以王志谨在《盘山栖云王真人语录》里也谈到了马丹阳这种悟死之功的深刻性："或问曰：昔闻丹阳师父以悟死而了道速，其旨如何？答云：修行人当观此身如一死囚，牵挽入市，步步近死，以死为念，事事割弃，虽有声色，境物纷华，……不可因循也。"[②]

因此，可以说死亡彰显了人之有限性，也预示了人之独特性，从悟死到悟己，个体的自我意识可以说才真正得以觉醒。只有对死心存恐惧、敬畏和体悟，个体之生才可能具有更深层次的存在底蕴，因而也才可能更加珍惜生命的不易，爱惜自己的身体，为不死作出抗争，走向修道、悟道之路。

三、生之由我——"我命在我，不属天地"

可以说，道教的思想理路，是由悟死而走向悟生，而生之所求，非日常生活之"生"，亦非彼岸世界之"生"，而是立足于当世之"长生"。日常生活之"生"是变化无常的，因而不具备长存性。彼岸世界之"生"是来世的，而非当下可见之长存，故而具有虚幻性。道教所追求的是今生之得道成仙，能够出于今世，也能入于今世。因此，道教思想追求的是不离今世而证得当下之解脱。

死亡作为自然所赋予人类的一种宿命，早期道家主张对此顺命而行，

① ［元］段志坚.清和真人北游语录.道藏，第33册.文物出版社、上海书店、天津古籍出版社，1988年，第157页。

② 王志瑾.盘山栖云王真人语录.道藏，第23册.文物出版社、上海书店、天津古籍出版社，1988年，第730页。

如《庄子·大宗师》所言：

死生命也，其有夜旦之常，天也。人之有所不得与，皆物之情也。[①]

在庄子看来，人之有生有死就是如同自然界的昼夜交替，不以人的意志为转移，是自然界的规律。但是对于常人而言，亲朋故旧的离世以及自己终有一死总是会有忧虑、悲伤、恐惧，故而光靠灌输死生有命这样一种观念是不够的，这只是改变常人认知和感情的第一步。因此，在对生死进行宿命论、决定论的解释之后，庄子进入了本体论的解释方式，如《知北游》所述之：

生也死之徒，死也生之始，孰知其纪！人之生，气之聚也；聚则为生，散则为死。若死生为徒，吾又何患！故万物一也。[②]

人之生死除了是命定之外，还只是一气之聚散，生为气聚，死为气散，因而不必悲伤，当明白是一物之两面，来去当自在对待。因而庄子在自己老婆死时不但没有悲伤气绝，而是鼓盆而歌，他的朋友惠子极为不解，在《至乐篇》中，庄子论道：

是其始死也，我独何能无概然！察其始而本无生，非徒无生也，而本无形；非徒无形也，而本无气。杂乎芒芴之间，变而有气，气变而有形，形变而有生，今又变而之死，是相与为春秋冬夏四时行也。人且偃然寝于巨室，而我噭噭然，随而哭之，自以为不通乎命，

---

① ［清］郭庆藩.庄子集释.诸子集成，第3册.北京：中华书局，1954年，第108-109页。

② 同上，第320页。

故止也。[①]

此种解释包含了宿命论、本体论的内容，对于妻子的死亡，庄子自认为自己也有常人的一面，但同时却能从知命、识本的角度来看待，因而不会像常人那样悲痛不已、身心俱焚，能够达观、冷静地不让自身身心受到波动。

庄子此种对待死亡的宿命论、存在论和自然主义的解释，在一定程度上是可以缓解死亡所带给人的迷茫、恐惧等生理、心理的痛感，但也可以说是一种自我逃避与自我安慰的消极人生态度。对死亡的自然主义理解，并不能达到对死亡的生存论解释上。死亡作为人本己的、无可逃脱的和不可预知的特性没能被引入思考之中，因而其个体对抗死亡的当下现实性未能表露出来，只能寄希望于虚无缥缈的寓言世界之中来寻求个体的自由解脱，对于生活的异化却未能做出实际的反抗与改善。

到了道教这里，他们则从根本上需要否认这种顺命的自然主义态度，如陈至虚在《金丹大要》中所言："顺则成人，逆则成丹。何谓顺？一生二，二生三，三生万物。故虚化神，神化炁，炁化精，精化形，形乃成人。何谓逆？万物含三，三归二，二归一。知此道者，怡神守形，养形炼精，积精化炁，炼炁合神，炼神还虚，金丹乃成。"[②]如果顺着大道的运化，那么得到的终是一有死的万物、人身；而要修得金丹，获得不死之真身，就只能逆着自然之理，从后天努力，将形、精、炁、神、虚一一炼化，方可得到金丹。

所以，道门人士在对待人有一死这一看似不移的自然天命之时，他们选择了一种抗命而行的态度，如《西升经》卷下所言："我命在我，不属天地。"[③]这里的"命"可以从这些方面来理解：一是我个人的寿命，二是我个人的使命。从"我"的寿命而言，如果因循其自然变化，必定是有生

① ［清］郭庆藩.庄子集释.诸子集成，第3册.北京：中华书局，1954年，第271页。

②《道书全集》，北京：中国书店，1990年，第20页。

③《西升经》卷下，《道藏》第11册，文物出版社、上海书店、天津古籍出版社，1988年，第507页。

有灭，坠入常物之命运；从“我”的使命而言，我必须抗争这种大自然虽规定的宿命，唯此抗争，才是我个体在世的使命与意义所在。

因而，为了对抗寿命之短暂，道门人士高举长生不死的旗帜来抗争人之自然天命。而对于长生不死的理解，在道教思想的发展史上也经历了不同的阶段。从传统道教追求长生不死的手段看来，主要有服食、房中、导引、外丹黄白之术，这些求仙之术基本上是以追求肉身不死为鹄的，所以传统道教对于人身有很多迷恋，他们早期的修仙模式是追求“即身成仙”。随着隋唐之后内丹道教的兴起，其重点却已不再执着于追求肉身不死，而是强调人精神的不朽，注重于锻炼人的心性功夫，搬精运气、符箓斋醮等术则已不占其修道的核心，因此其修仙模式讲究“即心成仙”。

第二节　自我觉醒之诱因一：生存之虚无

“虚无”一词，在道教的典籍当中多有提及，其主要用来描绘道作为本体的神妙莫测且往往被当做道本身，如金末元初道士侯善渊所撰《上清太玄鉴诫论》说：

> 夫大道寂寂无形，寥寥无象，元和混太始之先，玄微禀天地之外，自然虚无，生从有象。象感杳冥之中，法至空寂之理，真气变真，真精变神，神真合道。[①]

此处之“道”论，主要是描绘道之无形、无象、在先等特性，如果要为其命名，则只能以“虚”且“无”来概括，“虚无”在此因而被当作万物之本体与道之本性来理解，作为如此理解的“虚无”，其彰显的是人与

① 《上清太玄鉴诫论》,《道藏》第24册，文物出版社、上海书店、天津古籍出版社，1988年，第935页。

物之存在依据。

“虚无”一词除了被如此这般地被理解为最后的根据外，还往往被经验为个体在世存在的基本体验，即世俗生活之无意义，人生于世的空幻感。此种空幻感往往被道人体验为生活之“无常”，如在《丹阳神光灿·自咏》中马钰所感叹之：

> 人居浮世，身是浮生。贪婪浮利浮名。有若浮云聚散，无准无凭。浮华不坚不固，似浮沤、石火风灯。浮虚事，柰人人不悟，却以为荣。 儿女金枷玉杻，厅堂是，囚房火院迷坑。妻妾如刀似剑，近著伤形。无常苦中最苦，细寻思、胆颤心惊。唬得我，便回头，却做修行。①

世俗价值、人生光阴都具有转瞬即逝的空幻感，无有持续存在的意义，因而迫使个体不得不去思索人世之外、宇宙之中真实恒常的存在本身。

这样一种在世存在的虚空感，也在其他的宗教经典当中被描述，如《圣经·旧约》的《传道书》所言：“虚空的虚空，虚空的虚空，凡事都是虚空，人的一切劳碌，就是他在日光之下的劳碌，有什么益处呢？”②人世的一切劳碌，如果没有了神性之依归，那么它就显得了无意义，无有归属感。这其实也是试图给了无生趣、机械重复的日常生活以神性的光辉和宗教的承诺，让普通人能够认识、认可和实现自己的人生价值，虽然多数人一生都是平凡无奇，因为有了这种宗教性的神化自我，个体才能满足自己的价值实现，满足自己平凡人生所具有的英雄主义情结。

道教的“无常”体验，首先是从自身之身体反省开始的，然后延伸到心灵和人世。

---

① ［金］马钰.马钰集.济南：齐鲁书社，2005年，第238页。

②《圣经》，中国基督教三自爱国运动委员会、中国基督教协会出版发行，2002年，第643页。

一、身之虚无——“凡有形皆有坏”

对于身体为祸患之源，道门典籍有论，如《太玄真一本际经·譬喻品》云：

> 夫有身者众苦之本，累患之源，劳心忧虑，愁畏万端，三界蠕动更相残贼，吾我缚著，生死轮转，不能止息，皆由于身。①

身之致患，究其根本，就在于身的物质性与情感性。身体的物质性使得身体必须依赖于外在的物质来维持自身之生存；身体的情感性则使得人必须与他人发生关联，从而限入爱欲情愁之中。身与物、与人这种依赖关系，反映了人之身体所具有的匮乏性，有匮乏必定有需要，有需必定有求，有求必定向外索取。

在早期道教的教义当中，企图通过服食、导引、房中、存思、外丹黄白等术来达致求得身体的不朽，如葛洪在《抱朴子内篇·金丹》里谈到人通过服食金丹而达致身体的不老不死：“夫金丹之为物，烧之愈久，变化愈妙。黄金入火，百炼不消，埋之，毕天不朽。服此二物，炼人身体，故能令人不老不死。”②这里所谓的炼身，其实就是为了追求人之形体的不朽。

形之不可弃，是因为形与神之间具有不可脱离的关系，二者相生相依，葛洪在《抱朴子内篇·至理》中说：

> 夫有因无而生焉，形须神而立焉。有者，无之宫也。形者，神之宅也。故譬之于堤，堤坏则水不留矣。方之于烛，烛糜而火不居矣。身劳则神散，气竭则命终。③

---

① 《太玄真一本际经》卷7，《中华道藏》第5册，北京：华夏出版社，2004年，第247页。

② 王明.抱朴子内篇校释.（增订本），卷5.北京：中华书局，1985年第2版，第71页。

③ 同②，第110页。

但是，随着历代帝王将相、贩夫走卒服食外丹中毒情况的出现，以及隋唐之后内丹心性之学的兴起，早期道教追求肉身不死的梦想也不断遭到现实与理论的拷问，对“形不死”加以否定而转向追求神之不死，如金代牧常晁所撰《玄宗直指万法同归》卷3所言之：

或问：形不可固，死不可免，则金丹火候奚用哉？答云：天地间有形色者，俱不免死。金丹吾性神也，火候吾阴阳也。修乎金丹，与天地合其德，日月合其明，奚贵梦幻之形也哉！①

人形之不可固，虽然通过修炼，可以求得多活几年，但最终都有一死，所以清初龙门派第七代律师王常月就鲜明地反对传统所追求的固形之术，他在《碧苑坛经》中说：

所说延生，不是却病延年、长生不死，乃是万劫不坏真性、亘古长存之法身、化育群生之体像，非常体也。若指皮囊，修养起来，亦多活几年，不过死得迟些罢了，总非真道。②

身体的虚幻性，就在于它的依存性和匮乏性，它需要其他物质条件来维持自身的新陈代谢，因而，围绕身体所展开的一切方术，注定是虚妄不堪的。

二、心之虚无——“夫心者，众邪之主”

随着唐五代禅宗心性之学的兴起以及道教自身思想发展的需要，道教的修仙方式也逐渐从早期注重追求服食外物、渴求肉身飞升的模式转向

① 《玄宗直指万法同归》卷3，《道藏》第23册，文物出版社、上海书店、天津古籍出版社，1988年，第935页。

② ［清］王常月.碧苑坛经.藏外道书，第10册.成都：巴蜀书社，1994年，第196页。

了心性修炼，在修仙的主流形态上，经历了由外向内、由物转心的发展趋势，将传统外丹所注重的药物、鼎炉、火候等要件转入人之一身，以人体自身的精、炁、神三种要素为药物，以炼己筑基、炼精化炁、炼炁化神、炼神还虚为主要修炼步骤，希冀在自身之中修得传统外丹所追求的“金丹”，以便能够求得长生不死、得道成仙。

在内丹修炼的过程之中，“心”成为了道人修道的关键所在。对心的理解，在道教典籍当中主要通过如下几种方式来进行：（1）天（道）心与人心，如《道法心传》：“人心常要合天心，铁杵成针功要深。”[①]此处之天心当为天意（道），论人心如《盘山栖云王真人语录》所言“古人立教，天堂地狱，出自人心，心行所为，冥然相应”[②]；（2）心与物（境），如《素履子》言“上古圣人履之，无言无教，无心于物……”[③]；（3）心与身（形），如《太上老君内观经》所言“心者，禁也，一身之主”[④]；（4）心与性（神），如《黄帝阴符经注解》所言：“心不正则性返为情，情为用也，故动谓之心，静谓之性。方其动也，返性为情，故万变无常而不能静也。方其静也，返情归性，吾心常一而不能动也。是以心性相混，致有邪正交涉也。故学者三要，不可不知。心为动静之要，情为乱性之要，性为乐道之要”[⑤]。

心之难治，为道门中人所深刻体认，如清代王常月在《碧苑坛经》中所论述的：

---

① 《道法心传》，《道藏》第32册，文物出版社、上海书店、天津古籍出版社，1988年，第415页。

② 《盘山栖云王真人语录》，《道藏》第23册，文物出版社、上海书店、天津古籍出版社，1988年，第730页。

③ 《素履子》，《道藏》第21册，文物出版社、上海书店、天津古籍出版社，1988年，第701页。

④ 《太上老君内观经》，《道藏》第11册，文物出版社、上海书店、天津古籍出版社，1988年，第396页。

⑤ 《黄帝阴符经注解》，《道藏》第2册，文物出版社、上海书店、天津古籍出版社，1988年，第768页。

> 大众，此心又比此身不同，险恶异变，不可测度。如风吹海，海水深深，风势涌烈，波涛潮浪，擁撼汹翻，起落不测，转辗难凭。历劫以来，所谓出头无日，苦海无边也。今欲皈依此心，当明此心是一团血肉结成，更非长久善良之物，食声娱色，不畏犯法遭刑，甘食好财，哪顾丧身失命。沉于恶鬼畜生不怕，送之刀山炭火不惊，流于瘟惶疫疠不辞，弄出星殒山崩不避。种种祸因，皆是此心招摇起首，六贼先锋，七情魁帅。若欲修行而不自皈依此心者，岂能降魔伏怪，开障除邪，悟透元机，得明正法，精参宗旨，直入上乘？①

从上可知，心之难治，就在于人心难测，而心之难测，就在于心之复杂，如《大道论》“心行章”所论述的心之种种：

> 夫心有四，所谓迷心、悟心、修心、证心。迷心者，有十迷：迷事，迷理，迷教，迷境，迷气，迷身，迷神，迷仙，迷真，迷圣也。迷事者，谓于一切有为之事，若善若恶，俱不能分别了达而生颠倒滞惑之心……迷理者，所谓于虚极妙体、自然实性上，无所闻、见、悟、修、证、了等，故云迷理心也。……迷境心者有二，迷真境心、迷妄境心……迷仙者，不修修行；迷真者不修真行；迷圣者不修圣行。悟心者，悟道之心也。修心者，修道之心也。证心者，证道之心也。②

由于道门人士对于人心多变无常的深刻体会，所以在《三论元旨》中才会有“夫心者，众邪之主！”③这样一种慨叹。因此，炼心一直成为内丹

---

① ［清］王常月.碧苑坛经.藏外道书，第10册.巴蜀书社，1994年，第161页。

② 《大道论》，《道藏》第22册，文物出版社、上海书店、天津古籍出版社，1988年，第902-903页。

③ 《三论元旨》，《道藏》第22册，文物出版社、上海书店、天津古籍出版社，1988年，第910页。

心性之学的重中之重，心之不炼，就很难超脱生死，炼就不朽金丹，以求证得解脱，出离万物生死之流变。

三、世之虚无——“天下无常，岂有坚固者”

如我们前面所言，道教人士在世存在的首要体验，即是一种“无常”的虚幻感，对“无常”的体验，散落于道教经典的各种论述之中。

在“体”上，“无常”被理解为天下万物之本然状态，即万物了无自性，不可长存，如《云笈七籤》卷90转述《三皇经》所论之：

> 《三皇经》曰：天下无常，岂有坚固者？故急当厌远之，求索自然，以脱身耳。又曰：万物无有常，成者，皆不久完。[①]

而天下万物之所以“无常”，究其根本，则在于它们的“相因待”，《太玄真一本际妙经》对此有论：

> ……一者世间有为之法，皆悉无常，即生即变，即老即灭，逝水电光，骏马飚风，莫之能比，诸天寿限，期满亦谢，随业流转三恶道中。大期死坏，易可知觉，变易无常，世不能了……二者一切世法，皆无有我，不自在，故非真实，故相因待故。三者世间有心之法，皆悉苦恼……五者万物皆是空无，性无真实，故假众缘……[②]

世间万物之非“有常”，就在于它们是需要假众缘而成就，生活于对待之中，得依靠他物而成就，处于自然流变之中，生灭无穷。

在“用”上，“无常”以空、假、幻三者来展现自身的存在状态。世

① 《云笈七籤》卷90，《道藏》第22册，文物出版社、上海书店、天津古籍出版社，1988年，第622页。

② 《太玄真一本际妙经》，《道藏》第24册，文物出版社、上海书店、天津古籍出版社，1988年，第655页。

间万物及人由空而假，由假而幻。

“无常”为“空”，即指世间一切空无自性，如《无上内秘真藏经》卷6所云：“一切诸法，无有自性，毕竟空寂。”①因无自我存在之常性，所以世间诸法都呈现其“假”之面目，不可贪恋，对此，《玄宗直指万法同归》论道：“凡有貌、象、声、色之物皆属之假，天地虽形器之久，亦不免假也！人伦、君臣、父母、兄弟、妻子、屋宅、田园、货财、奴仆，日用之需，无非假合。”②从天至人，由人至地，三才无不为假。因此，“无常”由其空、假之性而致使个体存在于世充满了虚幻感，在《上清众真教戒德行经》卷上就发出了这样的慨叹：“人生如幻化耳，寄寓天地间，少许时耳。”③

世间之虚无，从其根本而言，就在于它们遵循自然法则之流变，了无自性，所以呈现了无常的本性。此种无常之本性，展现于天、地、人三才之间，成为了他们的根本规定性，因而人的生活世界被赋予了一种不真实存在体验，此种体验驱使道门中人不断去思考“何者为真”这一本根性的生存问题。

第三节　自我意识觉醒之诱因二：在世之冲突

人是社会性的群居动物，单个的人要存活于自然环境之中，注定是难以对抗各种天灾与人祸。因而，人要存活于世，保存自我，就不得不通过与他人的合作来面对各种危险，以便为自身的生存与族群的发展获得良好的物质基础。在社会的分工与合作过程之中，人就不可避免地与他者发生

① 《无上内秘真藏经》卷6，《道藏》第1册，文物出版社、上海书店、天津古籍出版社，1988年，第477页。

② 《玄宗直指万法同归》卷4，《道藏》第23册，文物出版社、上海书店、天津古籍出版社，1988年，第938页。

③ 《上清众真教戒德行经》卷上，《道藏》第6册，文物出版社、上海书店、天津古籍出版社，1988年，第896页。

关系。在这些关系之中，人与自身、心灵、他者三者之间所具有的关系是最为根本与明显的，前二者反映的是人与自身的关系，后者则是人与他人的关系。

在这些纷纭复杂的关系之中，无不反映了个体存在于世的种种艰难与危险，对于人自身所存在的种种限制与虚幻，我们可以在先秦时期老庄的经典性、概括性的生存体验之中可以看到。

在《道德经》第13章当中，老子首先谈到了个体自身由于其肉身存在所带来的生存限制：

> 宠辱若惊，贵大患若身。何谓宠辱若惊？宠为下，得之若惊，失之若惊，是谓宠辱若惊。何谓贵大患若身？吾所以有大患者，为吾有身，及吾无身，吾有何患？①

人存在的肉身决定了我们容易受到外在环境因素的影响，宠与辱代表了个体存在于世所可能遭遇的两种在世境遇，此两种境遇所带来的主要体验即是“惊”，“惊”反映了个体面对生活世界当中各种危险时所彰显出来的生存之惧。

其次，除了人的肉身存在这种直接性的自我限制外，在老子看来，当时社会上所存在的既有价值标准也是充满悖谬和虚无的，如《道德经》第18章和第38章所言：

> 大道废，有仁义。慧智出，有大伪。六亲不和，有孝慈。国家昏乱，有忠臣。②

又

---

① ［晋］王弼注．老子道德经．诸子集成，第3册．北京：中华书局，1954年，第7页。

② 同上，第10页。

故失道而后德，失德而后仁，失仁而后义，失义而后礼。夫礼者，忠信之薄，而乱之首。①

老子在此回答了儒家价值观念产生的逻辑序列和现实原因，认为仁、义、礼等儒家价值的核心，其产生的根本原因在于人世的“失道”。因而老子提出人要回归到合道的状态，人与人在此种状态下是平等和自足的。相反，儒家伦理的根本特征就在于对人与人之间进行人为地划分，此种观念发展到庄子那里就是“齐物我”的思想，以此对抗儒家对人所进行的君子、小人之分和社会上的各种等级制度。

到了庄子这里，对于个体生存于世的种种祸患与冲突也进行了深刻地揭示，在《人间世》当中庄子假借孔子和颜回之口为我们描绘了人世间的险恶无情：

颜回见仲尼，请行。曰：奚之？曰：将之卫。曰：奚为焉？曰：回闻卫君，其年壮，其行独，轻用其国，而不见其过；轻用民死，死者以国量乎泽若蕉，民其无如矣。回尝闻之夫子曰：治国去之，乱国就之，医门多疾。愿以所闻思其则，庶几其国有瘳乎！

仲尼曰：譆！若殆往而刑耳！夫道不欲杂，杂则多，多则扰，扰则忧，忧而不救。古之至人，先存诸己，而后存诸人。所存于己者未定，何暇至于暴人之所行！

且若亦知夫德之所荡而知之所为出乎哉？德荡乎名，知出乎争。名也者，相轧也；知者也，争之器也。二者凶器，非所以尽行也。

且德厚信矼，未达人气；名闻不争，未达人心。而强以仁义绳墨之言，术暴人之前者，是以人恶有其美也，命之曰菑人。菑人者，人必反菑之，若殆为人菑夫！且苟为悦贤而恶不肖，恶用而求有以异？

---

① ［晋］王弼注．老子道德经．诸子集成，第3册．北京：中华书局，1954年，第23页。

若唯无诏，王公必将乘人，而斗其捷。而目将萤之，而色将平之，口将营之，容将形之，心且成之。是以火救火，以水救水，名之曰益多。顺始无穷，若殆以不信厚言，必死于暴人之前矣！[①]

以上描述了人与君王相处的艰难，其实就是人与他人相处的险恶写照，在那个时代，统治者轻用其国、轻用民死，视普通人的性命如草芥，更别说尊重个体了。此外，对于儒家伦理价值观念的虚伪性和工具性，庄子也像老子一样给予了无情的揭露和批判，觉得人世的混乱很大程度上就是儒家价值观念所导致的人心混乱不堪。

与人君相处除了上面谈到的滥杀无辜、喜怒无常、一意孤行、争名好利这些危险和艰难外，在《人间世》当中，庄子还借叶公子高出使齐国之事来道出人臣与人君相处所会遭遇的“人道之患”和“阴阳之患”，将人自我存在的艰难和挣扎表露无遗：

叶公子高将使于齐，问于仲尼曰：王使诸梁也甚重，齐之待使者，盖将甚敬，而不急。匹夫尤未可动，而况诸侯乎！吾甚栗之。子常语诸梁也，曰：凡事若小若大，寡不道以惧成。事若不成，则必有人道之患；事若成，则必有阴阳之患。若成若不成，而后无患者，唯有德者能之。吾食也执粗而不藏，爨无欲清之人。今吾朝受命而夕饮冰，我其内热与！吾未至乎事之情，而既有阴阳之患矣；事若不成，必有人道之患。[②]

人自我存在于世的难处在此可见一般，做事成或不成，都要担心“人道之患”或“阴阳之患”，事情做的不好，要遭人君惩罚；事情做好了，由于心情高兴，欢喜过度，体内阴阳失调也会致人患病。更为

① ［清］郭庆藩. 庄子集释. 诸子集成，第3册. 北京：中华书局，1954年，第61–64页。
② 同上，第70–71页。

可怕的在于，事情在没有做之前，领命之人已经是忧心重重、担惊受怕，阴阳之患早已上身，自我内心的挣扎由此可见一斑。面对此种困境，庄子在《人间世》也只能无奈的劝世人“且夫乘物以游心，托不得已以养中”①，只能回到内心，不管世事如何，只管在心灵深处获得自由解脱。

到了道教这里，对于人生在世的种种冲突感并没有随着朝代的更迭而发生根本之变化，反而在道教徒的修炼当中这些冲突被更为深刻地体悟与反省。这些在世存在的冲突感，归纳起来，主要包括了自我与身体、自我与心灵以及自我与社会三个方面的内容。其中自我与身体、自我与心灵的关系主要涉及到个体与自身的关系，自我与社会则涉及到个体与他者之间的社会关系问题。个体与自身的问题，包含了自我身心冲突与健康等内容。个体与他人的问题，主要涉及个体在世对待自己生活世界的态度，强调的是修道者是在世炼心还是避世修行的问题。

一、自我与身体：假身与真身

如我们前面所谈到的，道家与道教很早就注意到了身体所带给修道者的种种祸患与不测。在对于身体的理解当中，道门人士往往是从二分的角度来看待人的身体：假身与真身，或者说是色身与法身。

早期道教追求身体的不朽，所以很多道术都是围绕“形神俱妙”的目标来开展各种修行，而对于身体的形成过程，道经当中也有许多大同小异的记载，如《上清九丹上化胎精中记经》所述：

> 一月受气，二月受灵，三月含变，四月凝精，五月体首具，六月化形，七月神位布，八月九孔明，九月九天气普，乃有音声，十月司命勒籍，受命而生。故人禀九天之气，降阴阳之精，名曰九丹，

① ［清］郭庆藩.庄子集释.诸子集成，第3册.北京：中华书局，1954年，第74页。

合成人身。[①]

从此段文字对于人身之形成过程与要素看，人身注定是灵与物的混合体，而不是单纯的精神或者单纯的物质结构。就物质性的构成要素而言，人身包含了气、精、体首、形、九窍、音声等，而就精神性的因素而言，则为灵、为神。人身这种物质与精神的二元结构，注定了人身所具有的分裂性、对抗性与有朽性。

对人身所具有的物欲性体验，从道门人士的著述当中可以看到很多记载，如《清和真人北游语录》中尹志平所言的身与业的关系：

> 业从身出，有身则有业。七情六欲，内外交攻，尽心制御尚有不能，若或纵之，动成其咎。[②]

有身之危害，就在于身易为情、欲等束缚，进而造就各种恶业，使身不得安宁，为自己招来祸患。对于色身所具有的种种潜在与现实祸患，在《碧苑坛经》中，王常月也有详尽地论述与批判：

> 大众，此身乃父精母血交媾而成形，情性容颜肢体，俱从胞胎长就，一团污秽，四大皮囊，眼视耳听，足动手摇，口说舌尝，最非长久善良之物。善用者，则成佛成圣成贤。不善用者，则成魔成怪，成鬼成畜类。向上一转，则天堂可登。向下一转，则地狱可到。[③]

生死和爱欲问题其实就是人身的根本问题，而二者能够成为问题就在

① 《上清九丹上化胎精中记经》，《道藏》第34册，文物出版社、上海书店、天津古籍出版社，1988年，第82页。

② 《清和真人北游语录》，《道藏》第33册卷3，文物出版社、上海书店、天津古籍出版社，1988年，第171页。

③ ［清］王常月.碧苑坛经.藏外道书，第10册.成都：巴蜀书社，1994年，第160页。

于人之有身，因而在美国学者贝克尔的《拒斥死亡》一书中，我们也可以看到这样的论述：

> 人的躯体是“命运的祸根”，而文化则建立在压抑之上。[①]

对于人作为身体性存在的认识在中外思想家看来都是相通的，人身作为人类悲剧性命运的祸根就在于它体现了人的弱小、依赖和有限，以及它要面对的种种不可预测的偶然性和现实生活中的灾难、痛苦。但人一方面却相信面对自身的弱小时，总有更强大的自我幻想在诱惑着人类去制定更高的目标，以此来克服人与生俱来的动物性。人的这种悖论性处境，在《拒斥死亡》当中有精彩的表述：

> 人有一种符号的身份，这一身份使他在自然界显得出类拔萃。人是一个符号的自我，一个有称谓的被造物，一部生命史。人又是创造者，他的精神翱翔于天空，思索原子和无限；他在想象中把自己置于空间某点，精神出窍，思考着他的行星。这种无边无际的扩张，这种巧智，这种超然性，这种自我意识，确定了人在自然界中作为一种小小神祇的位置——文艺复兴时期的思想家们正是如此认识的。
>
> 然而同时，东方的圣贤们却看到，人是一种蛆虫，又是蛆虫的口中之食。于是悖论出现了：人超于自然，同时又无可奈何地属于自然；人是二元性的存在，它可以飞临星球，但又囿于血肉之躯，这躯体曾经属于一条鱼，至今仍携带着证明这一点的标记。他的躯体是一个物质的、血肉的外壳，这躯体从许多方面来说对于人都是疏离的——而其中最令人惊讶不已和最令人讨厌的就是，这躯体会疼痛、会出血、会腐烂和死亡。人简直是分裂的：他知道自己天生丽质，在自然界中出类拔萃；然而迟早总要回归几英尺的地下，在黑暗中默默

① ［美］贝克尔.拒斥死亡.北京：华夏出版社，2000年，第113页。

> 无声地腐烂和永远消失。处于这样的困境而又不得不在其中生存，真是可怕。[①]

可见，中外思想家对于人身之悖谬性认识都是相通的，道门中人一方面认为人为万物之尊者、灵者，但是同时又不得不面对人作为肉身性存在的先在事实。这些先在事实决定了人身之冲突性，而要解决这种冲突性，道门中人希冀通过追求“法身”的方式来克服人之“色身”，以便能够给予人的身体以一个界限与目标。

要克服人之“色身”，从逻辑上首先就是否定“色身”之长存，认为人身四大假空，不可执著。其次，就是拒绝和限制“色身”所具有的情、欲等感性需求，通过戒律、自律等方式来限定与拒斥肉身这些感性需求，极力宣扬这些感性需求本身的虚幻性与危险性，从而能够静心修道，逃脱肉身的无间轮回。

二、自我与心灵：妄心与真心

如果说对于假身与真身之间的划分是道教思想应对人身悖论性的一种努力的话，那么，对于“心”之根本地位的强调，则彰显了道教思想发展到隋唐之后的修仙主流。

我们知道，唐五代佛教的禅宗得到了迅猛发展，其思想之主旨，即是对于心性修炼的重视，“心”在个体修养之中具备了本尊的地位，此种地位的强调与确立，对于道教自身思想的发展也起到了长足的影响。在此时的道教内丹修炼之中，炼心成为了道教炼己的重点，在教义的发展上，修心往往被等同修道，如《太上老君内观经》所述：

> 道者，有而无形，无而有情，变化不测，通神群生，在人之身则

---

① ［美］贝克尔.拒斥死亡.北京：华夏出版社，2000年，第30页。

为神明，所谓心也。所以教人修道，则修心也，教人修心，则修道也。[①]

作为存在基础之道，由形而上之本下降为形而下之物，寓于人身即为人之一心。而心无定形，所以得修。心之无定形，就在于心之复杂多变，易于为外境所染，如《洞玄灵宝定观经注》言："心起染境，境来牵心，心境相染，故名交战。"[②]此种心境互染，使得人容易心灵交战，易起妄心。因此，《洞玄灵宝定观经注》论道：

众生所以不得真道者，为有妄心。既有妄心，即惊其神。即惊其神，即著万物。即著万物，即生贪求。即生贪求，即是烦恼。烦恼妄想，忧苦身心，便遭浊辱，流浪生死，常沉苦海，永失真道。[③]

可见，人起妄心，即能惊神扰身，由此而生诸种烦恼，流浪生死，不得解脱。因此，为了对付人的妄心，道门中人强调人要回归与持守"真心"，惟有如此，才能斩断"心魔"，如马钰在《洞玄金玉集》中所言：

熟境缠绵，心魔返倒，下功决要降心。住行坐卧，昼夜志防心。方寸虽然不大，起尘情、万种牵心。当识破，上天入地，好弱总由心。从今生觉悟，牢擒意马，紧锁猿心。把凡心裂另，要见真心。日日澄心遣欲，更时时、校勘身心。无私曲，自言心正，方可合天心。[④]

---

① 《太上老君内观经》，《道藏》第11册，文物出版社、上海书店、天津古籍出版社，1988年，第397页。

② 《洞玄灵宝定观经注》，《道藏》第6册，文物出版社、上海书店、天津古籍出版社，1988年，第497页。

③ 《太上老君说常清静妙经》，《道藏》第11册，文物出版社、上海书店、天津古籍出版社，1988年，第344页。

④ ［金］马钰.马钰集.济南：齐鲁书社，2005年，第152页。

心之所以得防，就在于此心之容易受外界万物之侵扰，因而须通过炼心来见真心。那何谓“真心’呢？元牛道淳在《析疑指迷论》道“夫真心者，元无一物，等同太虚，本来清净，于此净中，一念忽起，顿然回光，返本归元，则湛然清净矣。”[①]如此这般的真心，其实就是与道相等，其本性与道相当，本来清净，因而也具有其他相似的名称，如本心、定心等。

根本上而言，道教心学设定了一个原初之心来对抗人之妄心、凡心，以“返心论”的方式让人回归到心之本真状态。而这种本真状态，其实就是依存于道的生存状态。

三、自我与社会：出世与入世

自我与社会的关系，其实就是个人与生活世界的关系。自我与其生活世界之所以能够和必须发生关系，就在于个体是在世存在且不得不存在。人是社会性的动物，如我们前面所论述的，个体要独立生活于世，其存活几率很低，而且多数个体无法承受孤独、无助等情况，所以不得不依赖于社会而生存。

个体在面对自身的生活世界时，可以采取不同的应对方式。归纳起来，主要有如下这些：顺世、抗世、避世与去世。顺世是我们大多数人采取的处世方式，这类人多数是顺应被事先给予的政治体制、价值标准与生活目标，他们平平稳稳地度过自己的一生，以求自保。抗世之人则是站在主流价值的对立面，不与合作，追求个体的自我价值，试图保有自身的独特性与完整性，时刻提醒自身与群体生活保持距离，以维护自身的个人空间，他们切身感受到了集体之意识形态对个体的戕害与强暴。避世之人则是徘徊于顺世与抗世之间，一方面他们离不开世俗之世，另一方面则希冀保有自身之独特性，而世俗生活之种种，往往又是个体自由之束缚，所

---

① ［元］牛道淳. 析疑指迷论. 道藏，第4册. 文物出版社、上海书店、天津古籍出版社，1988年，第949页。

以他们多数选择避世而居，不论是非，只求心安与闲适。去世之人则是死人，这类人多数是通过自杀的方式来根本与世决裂，以求得最根本的解脱，多数是表达了自身对于人世之绝望、自身之无能。

就道教本身对于人世的态度而言，道门中人多数是徘徊于顺世与抗世之间。从顺世而言，他们要顺从作为主流意识形态的儒家价值观，所以道门典籍对于仁义礼智信等儒家的价值观表现出吸收、融合与赞颂，善的追求在道教教义当中被各派所强调。

就抗世而言，道门中人也深刻意识到儒家价值本身所具有的非长久性、虚伪性，以及当中所蕴含的束缚性。儒家之道，其实就是人伦之道，亦即人情之道。有人情必定有人际，有人际必定有人群。人际之间繁杂的关系，带给人的是种种伤精耗神的算计与劳累。因此，儒家之道本身是建立在亲疏有别、尊卑有序的血缘与类血缘关系基础之上，所以给人与人之间的生活带来种种疏离感、尊卑感，个体被笼罩在人情之中，不得自由。

面对作为统治阶级意识形态的儒家价值，道教可以说是一方面极力吸收、融合，另一方面则出于修道的需要，主张避世修行，远离人世的种种繁华与喧嚣，步入山林，以求炼就大丹神药。因而，在对待人世的问题上，道教中人可以说是处在入世与出世之间的矛盾之中。

入世之目的，首先在于要在尘世中炼己，其次是为了度人。而出世的目的，则是追求个人解脱，不管世事纷纭，了然物外，忘情山水。关于此种区分，如《太上洞渊神咒经》卷8所云：

> 道言：道士欲自度世，当入名山。欲度一切人者，当在人中愚人，令得度脱。道士入山，山途玄隔，世人不见，无处皈依，虽有本心，无处相度。是以智人道士，不必山中矣。[①]

① 《太上洞渊神咒经》卷8，《道藏》第6册，文物出版社、上海书店、天津古籍出版社，1988年，第29页。

与人世相隔离的是山林荒野，道门中人出于隐居、炼丹、合药、存思等情况，经常需要深入山林中。一来是山林远离人世繁杂，无是无非，没有太多污秽之人、之物。二来山林之中物华天宝，盛产各类炼丹所需的矿物、植物和动物，便于修道炼丹。三就是由于山林为大自然之地，万物顺应自然而生，没有太多人世的机巧与奸诈，阴阳之气纯正流行，比较适合进行存思、导引等修道活动。

然而，如果为了纯粹的自我解脱，道士确实可以深入名山，不管世事。但是，对于多数修道之人而言，真真能够深入山林，老死终身的确实也不多。同时，道的传承与兴盛，多少还得靠在尘世之中来实现。因而要传道授业，度人得解脱，就不得不深入红尘。这样，在世法与出世法之间，道门中人试图找到一个结合点，以为自身的入世与出世寻求平衡。一方面他们高标世法对于道人炼己、修心的重要，如王常月在《碧苑坛经》所言：

> 圣人要出世法，将世法炼心。为人则尽孝，为人臣则尽忠。凡夫不但不知出世法，连世间法尚且不知，那里知道忠于君，孝于亲。可怜这昏迷不悟的众人，既不知世法，又不知出世法，终日醉生梦死、虚生浪死、朝生夕死、偷生怕死、盲生瞎死，把一点的真灵性理，没在臭皮囊内。[①]

我们知道，如果道教要贯彻自身“万有虚幻”这一教义思想的话，那么尘世的一切价值将是值得根本怀疑和不值得追求与信任的，如《太玄真一本际妙经》所言“一切世法，皆无有我，不得自在，非真实故”[②]。世间之法其实就是日常生活的种种价值所系，为常人生存之根本所依，但它们都是了无自性，因此是虚幻不实的。

但是，道门中人为何如此肯定世间世俗价值的合理性呢？根本原因

---

① ［清］王常月.碧苑坛经.藏外道书，第10册.成都：巴蜀书社，第191页。

② 《太玄真一本际妙经》，《道藏》第24册，文物出版社、上海书店、天津古籍出版社，1988年，第655页。

就在于忠、孝为封建统治者所极力推荐和宣扬的主流价值，讲忠、讲孝的目的，是为了维护家、国的稳定与政权的长存，因而道门需要取得专制政权的认可，以免伤及专制政权的统治基础。除此而外，道门之所以强调世法对修道的重要，还在于日常生活本身是琐碎、繁杂、重复的，故而对于人的修道，锻炼人的各种品性有很大帮助作用，最终使得道人达到“不动心”的境界，从而放弃对人的自尊、是非、名利、权势等世俗价值的种种执着，也就从根本上认识了它们的虚假性与空幻性。那什么才是出世之法呢？王常月接着论述道：

> 这出世之法，不在多言，只在乎此心还返而已。既知道天地万物、人情世事，终非出世之法，便知这天地万物、人情世事，悉在圈套之中，世界之内了也。若能心中悟得这一点，能有破得天地万物皆无常，世法人情都是幻的，是什么真灵？
>
> 这真灵无形无相，无臭无声，言在内又不止在内，言在外又非外来，人人具，物物该，便是能出世的法王了。①

修道之人能否出世和入世，就在于他如何看待这个世间。对于愚顽之人，总会以假当真，痴迷尘世一切，觉得是人生意义所在。而对于修道之人，王常月一方面要劝他们识得世法非真，不可痴迷；另一方面又要劝道众不可触犯国法，当敬父母，懂得知恩报恩，也要懂得以世俗之恭敬来尊师重道。此种对于入世和出世的调和，反映了全真道教义思想与世俗价值的两难，因为对于全真道而言，其是以出家修行为要的，而且早期的祖师都是抛妻别子、独自逍遥，不尽人间义务，这显然与儒家的伦常有悖。为了缓和此种出世与入世的冲突，早期全真道不得不奉劝一般信众当以尽忠、尽孝为修行端的，但同时对于想真修道之人，却也是力劝他们看破世间一切，当离家绝恩爱，不贪恋尘世繁华，儒家修行的圣功之道还没取得

① ［清］王常月.碧苑坛经.藏外道书，第10册.成都：巴蜀书社，第174页。

与道教修仙之道同等的地位。

到了王常月这里，则是给予了儒家圣功等量齐观的地位，使其与道、释这两种人类自我理想实现的方式同等对待，这显然不同于早期全真道对待儒家的态度，更不同于老庄的思想。这也可以从侧面反映道教救世思想发展的一个脉络，即由最初的以理论救世的方式反抗现实生活的无道，到以暴力革命方式来反抗，最后还是回归到理论上的批判。而到了全真道这里，其救世模式则发生了根本改变，它既没有从理论上批判现实，也没有从行动上走上暴力革命道路，而是以立观度人的宗教救世模式和平地拯救了当时处于乱世之下的许多平民。既然不能通过暴力革命来改变当时的社会现状，那么通过改变自身的身心状况以及改变自身对生活世界的看法，也可以成为自我实现的另一种方式。

第四节　自我觉醒之诱因三：生存的艰难

个体在世存在的艰难，彰显了自我所面临的生存危险。在这些危险之中，有的是来自周围生活的世界，这些危险是可见与真实存在的。而有的则是来自心理、精神层面的危险，它们很多是形而上学式的建构，有些是出于信仰，有些是出于幻想。

在这些危险当中，包括了个体生存于世所要面对的种种艰辛，而这些艰辛使得个体自我感受到了自身存在的限度。在对人之限度的经历当中，道门中人也深深体悟到了个体存在于世的偶然、无常与不易。由此，道门中人才能幡然悔悟，深刻意识到自身之独特性和不可重复性，才会惊叹“人身难得”，因而也才能督促自身与他人抓紧修道，脱离人世的生死轮回，求得自身的解脱。

一、自我与苦难：三途与五苦

苦难是人存在于世有限性的直接体现，也是个体的基本生存境遇。在西方思想家的著述当中，我们也可以看到他们对于人类苦难的思考，这些苦难往往彰显了人生在世的痛苦与灾难，如弗洛伊德在《文明及其不满》中所言：

> 我们受到三方面痛苦的威胁：首先，威胁来自我们的身体，它注定要衰老和消亡，而且，如果没有疼痛和焦虑这些警告信号，我们身体甚至都无法运作；其次，威胁来自外部世界，他可能用强大而无情的破坏力量对我们施虐；最后，来自我们与他人之间的关系。①

在弗洛伊德看来，威胁人生存的，主要是人与自身身体、人与自然世界、人与他人这三个方面存在的痛苦，其要表达的就是人身体软弱，自然力量的强大以及在家庭、国家和社会中调节人际关系规则的不足等这些人类所面临的艰难。此种人生在世的悲剧性在其他思想家的文本当中也以不同的方式被表达出来，如开创了“意义疗法”的奥地利精神分析学家弗兰克尔在《追寻生命的意义》中论述了人生在世的三重主要悲剧：

> 一种由人的存在的几个方面构成的三重悲剧可划分为：（1）痛苦；（2）内疚；（3）死亡。②

人生在世的三重悲剧其实就是人所面对的三种不可改变的生存现实，其中死亡谈论的就是人身的脆弱性，痛苦有外在世界、他人和自身内心的原因，而内疚则是人良心的另一种表达方式，是人的超我对本我的监督和警告，由此而产生对他者的负罪感与愧疚感。

在《真诰》卷6中有云：“人为道亦苦，不为道亦苦，惟人自生至老，自老至病，护身至死，其苦无量，心恼积罪，生死不绝，其苦难说，况多

---

① ［奥］弗洛伊德.文明及其不满.石家庄：河北教育出版社，2003年，第69页。

② ［奥］弗兰克尔.追寻生命的意义.北京：新华出版社，2003年，第139页。

不终其天年之老哉。为道亦苦者，清净存其真，守玄思其灵，寻师坎坷，履试数百，动心不堕，用志坚审，亦苦之至也。”[①]这些苦处，无不暴露了常人在世生存所面临的种种艰难与有限，而常人要想摆脱这些命运，下定决心修道也是需要莫大的毅力与坚持，其中的孤独之苦、肉体折磨也是苦楚多多。除了这些在世之苦外，人生还是其他许多难处，如《真诰》卷6当中所言：

> 夫人离三恶道，得为人难也；既得为人，去女为男难也；既得为男，六情四体完具难也；六情既具，得生中国难也；既处中国，值有道父母国君难也；既得值有道之君，生学道之家，有慈仁善心难也；善心既发，信道德长生者难也；既信道德长生，值太平壬辰之运为难也。[②]

可见，人生在世，很难完美，世人总会遭遇种种不幸，每个人的命运或多或少都有自身的苦楚、坎坷和难处。

在道教的文献典籍当中，对于苦难的思考，往往以“三途五苦”的范畴归纳出来，统称“八难”，如《无上玄元三天玉堂大法》卷18所述之：

> 师曰：五苦三途，名虽殊，而报则一。夫天途之役，皆由六识受染于中，则死受天途之役；夫地途之役，由劳体损身，手运足履，莫不由地中物而然，死则熟景难忘，斯受地途之役；夫水途之役，生前以泉曲鬼群，生淫汩真，沉于欲海之中，死则念念所关，则受水途之苦。所谓五苦，则文不同。何谓也？夫苦心、苦精、苦形、苦神、苦魂是也。通谓之八难。
>
> 夫苦心者，世人设谋运智，贪着声色，皆由心，（心）本清净，

---

① 《真诰》卷6，《道藏》第20册，文物出版社、上海书店、天津古籍出版社，1988年，第523页。

② 同上。

为欲所浊，岂非苦心？兼贪淫秽，好慕女色，是名苦精；精苦则身枯力竭，将入死路，体不生神，则尸魄炽盛，故曰苦神；神则去死不远，凡身将失道，身不成则为荒郊枯骨，是名苦形；形苦则为下鬼，魂不能全……所谓苦心、苦精、苦神、苦形此四苦者，乃生前日夜损耗则有此苦。苦魂乃既死之后，方受其苦。①

可以看出，人存在于世，既有生前之苦，亦有死后之苦。此外，还要受天、地、水三途之役。天地水三途之役，其实是人生痛苦的总论，就天途之役而言，主要是指人的精神苦恼，因其从六识受染；地途之役，则是指形体之恼；水途之役，则是因人之欲望而起。五苦则是具体而微地细论人生在世与去世之苦，其基本要素即为构成人身的精、形、神、魂、心。而心在其中最为根本，按其说法云："所谓五苦，本不立门，八难亦由心出。盖心为一身之主，定则三业六尘亦定，心乱则众缘交起。"②

此外，道教对于三途五苦的表述，还有另外一种说法，如青元真人在《元始无量度人上品妙经注》卷中说：

三途者，谓地狱、鬼趣、旁生。五苦者，谓刀山、剑树之属，在世则生、老、贫、病、死。八难者，谓堕落异类，生为下贱，形容不正，生在边方，禀性凶戾，不遇仁君，常值兵火，与一切善自生魔障。③

道教此种对于三途五苦的解释，显然是受佛教的影响。按《佛学大辞典》的解释，三途是指"(名数)《四解脱经》之说。涂者，途之义。一、火途，地狱趣猛火所烧之处；二、血途，畜生趣互相食之处；三、刀途，

① 《无上玄元三天玉堂大法》卷18，《道藏》第4册，文物出版社、上海书店、天津古籍出版社，1988年，第62页。

② 同上。

③ 《元始无量度人上品妙经注》卷中，《道藏》第2册，文物出版社、上海书店、天津古籍出版社，1988年，第267页。

饿鬼趣以刀剑杖逼迫之处……［又］直谓地狱、饿鬼、畜生三者，与三恶趣、三恶道同。"[①]，而五苦则是指"（名数）一、生老病死苦，八苦之中，开之而为四苦；二、爱别离苦，与所爱者离别之苦也；三、怨憎会苦，常与憎恶者会合之苦也；四、求不得苦，不得所求之苦也；五、五阴盛苦，五阴为一身之总体，为五阴之身，受炽盛之诸苦也。以上五苦，为八苦之开合不同者……［又］一生苦，二老苦，三病苦，四死苦，五犯罪枷锁苦……［又］地狱等五道之苦……"[②]

早期道教经典对于人世灾难的认识，也可见之于道经之中，如《太平经》所认为的"大恶"："大恶有四：兵、病、水、火。"[③]这些大恶，其实就是大灾，其中既有天灾，亦有人祸。战争、疾病、水灾、火灾四者可以说是对早期先民生活构成极大威胁的灾害。对于天灾，《无上玄元三天玉堂大法》有云："天之行灾，曰水，曰旱，曰蝗，曰虫，皆以害苗稼而饥馑也。"[④]水患、大旱、飞蝗、虫害等是天地之所为，乃自然之运化。在古时科学极为不发达的情况下，只能靠天吃饭，因而对于天灾的防范，只能诉诸于宗教性的祈禳，而不能像现代人依靠科学的力量来应对这些天灾。

对于人祸，道经也多有解释，这些祸患的存在揭示了古人对于个体生存凶险的生命体验，如葛洪在《抱朴子内篇》所言之："抱朴子曰：凡为道合药，及避乱隐居者，莫不入山。然不知入山法者，多遇祸害。"[⑤]葛洪此处所谈的祸害，多数指入山容易为虎狼虫蛇等猛兽所害，其次则是指易为山精鬼怪等阴性之物所伤。总体而言，这些伤害还是外在事物所引起的，而道教对于人因自身之身、口、心所招致的种种痛苦与祸患也是多有提及和体悟。

---

① 丁福保.佛学大辞典.北京：文物出版社，第170页。

② 丁福保.佛学大辞典.北京：文物出版社，第269页。

③ 王明撰.太平经合校.北京：中华书局，1960年，第3页。

④《无上玄元三天玉堂大法》卷22，《道藏》第4册，文物出版社、上海书店、天津古籍出版社，1988年，第81页。

⑤ 王明撰.抱朴子内篇校释（增订本）.北京：中华书局，1985年第2版，第299页。

身之种种祸患，因其有欲而起，《老子道德经河上公章句》有言：“有身则忧其勤劳，念其饥寒，触情纵欲，则遇祸患也。”[①]身之所以招致祸患，就在于其有所欲求，而且身体的存在，也必须有所欲求，以便能够维持它的物质性需求。因此，有欲必定向外而求，所求过甚，则有祸患，造就种种“身业”。

同时，在道教看来，口舌不慎，也往往招来祸患，如《刘子》卷6说“言语在口，譬含锋刃，不可动也。动锋刃者，必伤喉舌，故天有卷舌之星，人有缄口之铭……口舌者，祸患之官，亡灭之府也。”[②]所谓祸从口出，说的就是人言语不慎，就会招来祸患，用佛教的说法就是“口业”。

心作为人身之根本，在道门看来，也是祸福生死之根，如《黄帝阴符经解》所云：“有生者因心之所役，以致于见利而动、观名而念、为财而竞、睹色而思，皆物之役人心，使不得尽其天算，而中道至于夭亡。由此观之，是人因心而有生死，未生则无有此也。”[③]心容易被物所役，因为心有所求，而有求则必定向外，心的意向性是指向对象的。因此，心就应物而生，为物所役，不能跳出对名、利、财、色等物的贪求，从而引来杀身诛心之祸。

身、口、心之祸呈现了个体在世生存时所可能遭遇到的危险，为了应对这些身、口、心之祸，道门一般主张寡欲少言，甚至是禁欲不言。对于欲望的节制，是为了更好地保护身体自身的损耗。饮食男女，确为常人生存之根本与必需，同时也是人类得以繁衍与发展的手段。但是在修道之人看来，这些常人之需是修道者之大碍，而人要超凡脱俗，就得舍弃常人之爱。

对于口业，道教从修道养生的角度出发，首先主张少言寡言，如在

---

① 王卡.老子道德经河上公章句.北京：中华书局，1993年，第48页。

② 《刘子》卷6，《道藏》第21册，文物出版社、上海书店、天津古籍出版社，1988年，第759页。

③ 《黄帝阴符经解》，《道藏》第2册，文物出版社、上海书店、天津古籍出版社，1988年，第763页。

《重阳真人授丹阳二十四诀》中，马钰问王重阳何为“太上七返”：

> 丹阳问：何名太上七返？师曰：一者少言语，养内炁。二者戒心性，养精炁。三者薄滋味，养血气。四者戒嗔怒，养肺气。五者美饮食，养胃气。六者少思虑，养肝气。七者寡嗜欲，养心气。是也。[①]

少言少语的目的，是为了养体内真炁。少言少语为何能养炁呢？因为我们说话是靠身体内外气流的流动来发出声音，说话太多，难免动气过甚，因而不利于身体的保养，损耗太多，就会影响身体的康健。所谓的“太上七返”，其中的薄滋味、戒嗔怒、美饮食、寡嗜欲等都与人之口相关，稍微不慎于口，对于修道而言确是大患。

其次，更进一步地，道教则主张“不言”，如《清微丹诀》所言：“夫天不言而默运，地不言而发生，道不言而包罗，法不言而灵应……”[②]之所以主张“默”而“不语”，因为大道本身是无言无名以至于无为，天、地、法无不宗道而行，因而生于天地之间的人也必须如此向道而学。人只有在默默之中，才能深入自身内心，倾听自身内心的声音，与自身交谈，这样才可能反思自身之过，忏悔自身之罪。

人生活于世除了可能将要遭受的以上种种苦难之外，更为根本的还在于世间很多人已处在种种痛苦、不幸与偶然之中。对于这些人世的祸患、偶然与不公，道教是如何解释？如何让世人去应对呢？《赤松子中诫经》论到：

> 轩辕黄帝稽首问赤松子曰：朕见万民受生何不均匀？有富贵，有贫贱，有长命者，有短命者？或横罹枷禁，或久病缠身？或无病而

① 《重阳真人授丹阳二十四诀》，《道藏》第25册，文物出版社、上海书店、天津古籍出版社，1988年，第808页。

② 《清微丹诀》，《道藏》第4册，文物出版社、上海书店、天津古籍出版社，1988年，第963页。

亡，或长寿有禄，如此不等，愿先生为朕辩之。赤松子答曰：生民茕茕，各载一星。有大有小，各主人形。延促衰盛，贫富生死。为善者，喜气覆之，福德随之，众邪去之，神灵卫之，人皆敬之，远其祸矣。为恶之人，凶气覆之，灾祸随之，吉祥避之，恶星照之，人皆恶之，衰患之事，并集其身矣。人之朝夕行心用之，善恶所为，暗犯天地禁忌，谪随罪累，事非一也。人之朝夕为恶人神，司命奏上星辰，夺其算寿，天气去之，地气著之，故曰衰也。①

人世当中确有种种不公与不幸，面对这些不公与不幸，赤松子的解答是一方面坚持不彻底的“天命论”，认为人各有一星主宰其旺衰。另一方面则主张“人力论”，强调人可以通过行善或行恶来避免此种种不公与不幸。这种“人力论”思想的背后，其实是道教一直强调的因果报应说，认为善有善报，恶有恶报。但是，在人的现实生活当中确实如此吗？相反，普通人在生活当中往往是体会到其悖论，即善人没善报，恶人得好报，这又如何解释呢？《太平经·解承负诀》为此解释道：

凡人之行，或有力行善，反常得恶，或有力行恶，反得善，因自言为贤者非也。力行善反得恶者，是承负先人之过，流灾前后积来害此人也。其行恶反得善者，是先人深有积蓄大功，来流及此人也。能行大功万万倍之，先人虽有余殃，不能及此人也。因复过去，流其后世，成承五祖。②

道教对苦难的解释与安抚，以“承负说”的理论阐释方式来确定下来。此说一方面试图解释常人遭遇祸福的源头，另一方面则试图解释祸福对人不公的原因。这种解释游离于“天命”与“人力”之间，妄图缓解与

---

① 《赤松子中诫经》，《道藏》第3册，文物出版社、上海书店、天津古籍出版社，1988年，第445页。

② 王明.太平经合校.北京：中华书局，1960年，第22页。

平复遭遇不公不幸的个体对于命运的疑惑和愤慨。其实设想一下，道教的“承负说”很难有坚实的理论基础，比如我们可以追问：我为何要承担先人所犯、所为的罪过或善果？我所犯、所为的罪过与善果凭什么要流于后世子孙？我为何不是独立之我？我的行为与言论为何不能只对我一个人负责？对于此些问题，早期道教教义是未能进行深究的，而是理所当然地将其吸收进入其中，以应对人世的种种不公与不幸，无法面对人世的残酷与荒谬，对于人生荒谬性的认识还不够深入。

二、自我与命运：天命与我命①

命运之所以成为问题，就在于我们的人生与世界有太多不可解释的东西，或者说我们目前的能力无法去理解很多事情的缘由。因此，命运问题所反映的是人知识的有限与世界的无限问题，即可知与不可知之间的矛盾问题。在面对命运问题上，可以有两种态度，如邓晓芒教授在《中西人生观念之比较》一文中所谈的：“人们可能因为愚昧、因为不知道事件发生的原因而相信命运，但也可能因为知识太丰富、太了解事物的必然法则而相信不可改变的命运，因此有了非理性主义（神秘主义）的宿命论，也有理性主义的宿命论。”②

关于人的知识有限而命运不可知的矛盾，我们可以在古希腊的许多神话当中得到印证。例如在俄狄浦斯神话中，俄狄浦斯想利用自身所掌握的有限知识来对抗命运的诅咒（弑父恋母），没想到最终却落入命运的圈套，走向了娶母杀父的悲剧预言中。从此神话当中我们可以看到古希腊的命运观所蕴含的深刻寓意：人的有限知识无法对抗命运，但人试图去通过自身努力来研究、规避命运，虽然最终命运是无可逃避的。

在这样一种看似神秘主义的命运观之下，其实已经开始蕴含了理性主义探求命运知识的冲动，命运在事前虽然不可认识，但是在发生之后却可

① 此部分关于中西命运观的论述，参考了邓晓芒先生的《中西人生观念之比较》一文。

② 邓晓芒．中西人生观念之比较．湖南社会科学．2001年第3期，第112页。

以被人所追问和探求。因而，命运问题在古希腊也成为了哲学探讨的一个主题，如阿那克西曼德所说的："万物由之产生的东西，万物又消灭而复归于它，这是命运规定了的。因为万物在时间秩序中不公正，所以受到惩罚，并且彼此互相补足。"[①]这里的命运，其实是已经被理性所思考的"规则""规律"，它是万物产生与死亡的开端与归宿，这一切都为命运所规定。这种理性主义命运观的萌芽，发展到赫拉克利特这里则是以"逻各斯"的名义为定义，使其获得了哲学意义上的表述，他"断言一切都遵照命运而来，命运就是必然性——他宣称命运的本质就是那贯穿宇宙实体的逻各斯，逻各斯是……确定了周期的尺度"[②]。这里的"逻各斯"，其实已是"理性"的代名词，理性代表了尺度，万物都遵循此尺度来开端、发展和死亡。这样神话主义的命运观就过渡到了理性主义的命运观，此后的苏格拉底、柏拉图到亚里士多德都强调以理性的态度来认识与把握作为宇宙规律的"逻各斯"。这样一种理性主义的宿命论在斯多亚学派那里就是"愿意的人，命运领着走；不愿意的人，命运拖着走"。[③]命运在此成为了尘世之人的根本规定，它不以人的意志为转移，因而具有世界理性的味道。但是，任何一种看似唯理性主义的宿命观其背后还是隐藏一个不为人知的神，如果将此命运观念彻底化，那就会引向一个完全决定人类命运的神力。因此，到了中世纪，上帝所具有的对于人类命运的绝对决定性也就不再稀奇。

反观儒道对于命运的看法，我们也可以看到中西命运观的不同。先秦儒家对于命运也是多有思考，如《论语·尧曰》所言："不知命，无以为君子也。"[④]这里的"知"是不是以理性的方式去把握命运呢？不是，而是"认"命。此"认命"的后果即是天命之可畏，如在《季氏篇》中，孔

① 北京大学哲学系.古希腊罗马哲学.北京：商务印书馆，1982年，第7页。

② 同上，第17页。

③ 转引自陈修斋、杨祖陶.欧洲哲学史稿.武汉：湖北人民出版社，1983年，第80页。

④ 杨伯峻译注.论语译注.北京：中华书局，1980年第二版，第211页。

子说："君子有三畏：畏天命，畏大人，畏圣人之言。"[①]"认命"与"畏命"代表了儒家对于命运的基本态度，即"谋事在人，成事在天"，因此，在《论语·宪问》篇中孔子才发出这样的慨叹："道之将行也与，命也；道之将废也与，命也。"[②]自身之道不管是能够实现或不实现，都只能听之于命运的安排，不管自身尽了多少人力，也只能认命。儒家这种面对命运的无可奈何，反映了儒家知识分子对于"天命"的敬畏与顺从，他们未能像西方哲人那样将其纳入理性主义的把握与追问之中，对抗种种命运的安排，而是诉诸于神秘的上天意志，只是教人"尽人事，知天命"。

到了孟子这里，则强调"立命"而行，在《孟子·尽心章句上》有论："夭寿不贰，修身以俟之，所以立命也。"[③]此立命其实也是顺命、认命。对于命之区分，孟子认为有"正命"和"非命"："尽其道而死者，正命也；桎梏死者，非正命也。"[④]人在世存在，如果能够完成自身被赋予的道德使命而死，那么他的命运是顺顺当当的；如果是遭遇横祸等原因而死，未能尽其道，那么就是非命。孟子的这种区分，其实就是好命、坏命的区分，人能尽道而死，就是好命；人不能尽道而死，就是坏命。不论是尽或不尽，都是命。可知，孟子也是强调了命运对于人本身的规定性，人只能尽力，至于能尽道而死或不尽道而亡，只能听命。

到了荀子这里，其主张"人定胜天"，因而在命运观上也认为人可以"制天命而用之"，如《天论篇》："从天而颂之，孰与制天命而用之？望时而待之，孰与应时而使之？"[⑤]在荀子看来，面对天命时，该采取的态度与其是去赞颂天之伟大，不如主动去制服天意而为人所用，尽量发挥人的主观能力，不是以天命为借口而什么事都不做。同时，也强调对于"时"之把握，认为人当应时而行，不能空等机遇（好命）之降临，而是瞅准时

① 杨伯峻译注.论语译注.北京：中华书局，1980年第二版，第177页。

② 同上，第157页。

③ 焦循.孟子正义.诸子集成，第1册.北京：中华书局，1954年，第517页。

④ 同③，第519页。

⑤ 王先谦.荀子集释.诸子集成，第2册.北京：中华书局，1954年，第211-212页。

机，主动出击，通过人自己的努力来尽可能地完成人世之种种事业。

虽然荀子在强调“人力”方面比孔孟更进了一步，但是在根本上而言，其对于“天命”的看法还是很实用，如其在《天论篇》所言之“知其所为，知其所不为”[①]。从本质上，荀子也还是同孔孟一样，强调“尽人事，知天命”这种儒家一贯的顺命观，对于命运的探讨未能成为他们思辨的主题，而是被“尽人事”所取代，人伦家国才成为儒生们为之奋斗与探究的领域。

总之，儒家的命运观，带有很强的自我慰藉色彩：世间一切事我尽了力，如果不能成功，那就不是我的责任了，而是要归之于天意，天意不可违，人能做的就是认命、顺命。

儒家这种对于命运的看法，在先秦道家那里也有反映，如《庄子·人间世》所言：“知其不可奈何，而安之若命，德之至也。”[②]对于人世当中个体无力改变之事，庄子是主张安之若命的，这凸显了人认识和改造世界的无能与无奈，因而庄子在《秋水》中认为圣人之勇即是“知穷之有命，知通之有时，临大难而不惧，圣人之勇也”[③]。在穷、通、难面前保持一种知命、有时、不惧的洒脱态度，以此来应对人世当中不可捉摸的命运之惑，进而达到不动心的态势。道家这种对于命运问题的规避态度，也是其哲学方式使然。老庄主张清静无为，认为世间一切是依道而行，不必惊慌、不必强求，对任何事与人当淡然处之，任其自然。因此，在祸福、穷达、生死、贵贱等问题上也是以此种无可奈何之态度让人顺命，如《大宗师》所述之：“死生，命也；其有夜旦之常，天也。人之有所不得与，皆物之情也。”[④]死生、夜旦等在庄子看来，都是天、命、物情之本有，因而不必大惊小怪。这样看来，命运其实略微具有了“道”之味，但却未被庄子纳入更深一层的探究之中，而只是教人把其当作无可奈何、稀松平常之事

① 王先谦.荀子集释.诸子集成，第2册.北京：中华书局，1954年，第207页。

② ［清］郭庆藩.庄子集释.诸子集成，第3册.北京：中华书局，1954年，第71页。

③ 同②，第263页。

④ 同②，第108–109页。

来对待。

与孔、孟、荀、老、庄对命运的看法略微不同，先秦的墨子是主张“非命”的。但在其思想当中，却还预设了“天志”“明鬼”等内容来约束人的行为，给人的自由意志设置了一道门槛，所以墨子的“非命”，也不是彻底的“人力”论者，还是带有神秘主义色彩的“宿命论”。

反观道教对于命运的思考，可以说一方面是主张认命，另一方面则是抗天命而行。

就认命而言，主要是指道门中人对于人世诸如祸福夭寿、贵贱美丑等被给予的生存事实以一种“前定论”的应对态度和解释方式，如《太平经·七十二色死尸诫》所宣扬的：

> 天有四维，地有四维，故有日月相传推。星有度数，照察是非，人有贵贱，寿命有长短，各禀命六甲。生有早晚，禄相当值，善恶异处，不失铢分。俗人不知，反谓无真，和合神灵，乃得称人。得神灵腹心，乃可为人君。日时有应，分在所部。得天应者，天神举之。得地应者，地神养之。得中和者，人鬼佑之。得善应善，善自相称举，得恶应恶，恶自相从。皆有根本，上下周遍。[①]

此段文字对于人世宿命的解释，首先是从天地、星相之有定数而始，接着论及人世有贵贱、善恶之分，认为天地有所定数，人世亦当如此，人为天地所定。其言下之意即是世间人人皆当安其宿命，接受生活当中的种种既定现实，忍受人世的各种不公，进而放弃个人意志之努力，顺天命而行，认天命而活。因此，《太平经》当中对于不同阶层的人，认为其本份之事即是人人各得其所，各安其能：“惟人居世间，各有所宜，各有所成。各不夺其愿，随其所便安。自在所喜，商贾佃作。或欲为吏，及所巫医工

① 王明编.太平经合校.北京：中华书局，1960年，第567页。

师，各令得成，道皆有成，以给民可用。”[①]

而人之所以会产生命运的观念，很大程度上来源于人世的种种悖谬与不可解释，亦即人际之“殊”。同而为人，但荣辱兴衰、美丑贵贱却各不相同，道教对此所作的解释是人之“禀气”各有定数，如《太上洞玄灵宝业报因缘经》所言：

道君曰：天地未分之时，混混沌沌，溟滓无形。元始妙化，运转开张，清气上澄，浮而为天；浊气下凝，结而为地；阳精为日，阴精为月；日月之精，为星辰和气，为人旁气，为兽薄气，为禽繁气，为虫附神立象。种类相因，合会生育，各有因缘，随其业报，任命沉浮。或愚或智，或暗或明，或大或小，或浊或清，或寿或夭，或陋或贞，千殊万品，禀道生形。更相啖食，强弱侵凌，狡诈互起，罪福纵横。修善获福，造恶致刑。[②]

以禀气之不同，来解释个人命运之殊异，可以说是道教贯彻“气本论”思想的具体体现，星、人、兽、禽、虫等世间的存在者，由于其所禀之气不同，而各有因缘。“禀气说”与“业报说”其实是一而二，二而一。前者侧重于“天意论”的角度来探讨人、物之殊异，后者偏安于“人意论”来解释人世之愚智、暗明、大小、浊清、寿夭、陋贞等，认为此等不平皆为自身前世之为善与恶之业力。关于此种观点，其他道经亦有此观点，如《太上洞渊神咒经》说：

道言：富贵贫贱，俱人耳。亦禀一命，何有殊异？但自富贵贫贱，先身之缘。有先世习道来，故中国衣食，自然而已。复有先身，造立功德，今为大富贵，流及子孙。先世应仙，未即升腾，今故大富

① 王明编.太平经合校.北京：中华书局，1960年，第619页。

② 《太上洞玄灵宝业报因缘经》,《道藏》第6册，文物出版社、上海书店、天津古籍出版社，1988年，第125页。

贵。学仙道士，贫而乐道者，此先身习学来久，不化于人，故令人大贫困。至死无有财物六畜者，先身重罪，不作功德，不信经道，六畜中来，或奴婢、生口中来耳。①

道言：善人生处聪明过人，皆因先身习学中来。世有形残之人，先身有大罪，故有此身。此身复不受化者，无有见善也。②

对于人世的富贵贫贱、聪慧形残等事，道门认为是人力所为。此种所为，道经将其归之于人之先世、先身的所为，可以说是《太平经》所宣扬的“承负说”之余绪。此种论调之目的，多是为了劝慰世人当接受人世的种种不平和差距，放弃自身之反抗，而顺从人世之不公，避免与封建专制之政权发生冲突，以求得全生保命，容忍自身遭遇到的种种不幸和意外。

但是，道教在“天意论”与“人意论”之间并未理清一个根本之问题，即“禀气说”之禀由谁而禀？亦即气之运行由谁主宰？气之动力自何而出？气之作用为何殊分？

关于第一个问题，我们知道，道教主张人是禀气而生的，如《七域修真证品图》所言：“世人者，道之子，禀气而生，分形而治其生也。天与其神，地与其精，道与其气。三者相得，而人乃生。”③此段文字表明了气之所禀为“道”，而人之所禀为“气”。而气之所以被认为是人之所禀，首要在于人之日常经验，即人要存活于世间，必须依赖空气，所以才有日常的说法谓人之死即“断气”。而气之所以被道所禀，则在于气与道的本性相近：首先气为无形，不可捉摸；其次气充盈世间，无处不在。这二种特

① 《太上洞渊神咒经》卷9，《道藏》第6册，文物出版社、上海书店、天津古籍出版社，1988年，第33-34页。

② 《太上洞渊神咒经》卷10，《道藏》第6册，文物出版社、上海书店、天津古籍出版社，1988年，第36页。

③ 《七域修真证品图》，《道藏》第6册，文物出版社、上海书店、天津古籍出版社，1988年，第693-694页。

性决定了气所具有的“道性”，因而道经当中常常把道与气二者等同，认为道即气也，如《云笈七籤》卷59“诸家气法”所言：“道，气也。气者，身之根也。”①

现在我们已经知道，气的运行作用是被道所推动与规定，而为何出自一气之人与物，会有如此大的差异呢？道教主张气之分有清、有浊，而这种清、浊之分又是被谁决定的？以何标准决定的？进而地，人有贵贱、美丑、贫富等则又如何因其禀气而定？

道教对此的解释，则归因于“承负”之说，亦即人今世所遭之善或恶，都是秉承了先人之善业或恶业，同时自身今世所造之善业或恶业，也会影响后世或后代，如《太平经·解师策书诀》所言：“承者为前，负者为后；承者，乃谓先人本承天心而行，小小失之，不自知，用日积久，相聚为多，今后生人反无辜蒙其过谪，连传被其灾，故前为承，后为负也。负者，流灾亦不由一人之治，比连不平，前后相负，故名之为负。负者，乃先人负于后生者也。”②

道教对于人之禀气各异，看似强调“命定”之说，实则亦引入“人力”之论，但是究其实质而言，道教对于命运的看法，却未是彻底之“天意论”或“人意论”。如果道教完全贯彻“天意论”的话，那么其思想教义则无需主张“我命由我不由天”了；如果它完全主张“人意论”，那么道教则成为了完完全全的人力论者，不相信天命，同时亦应不相信“道”对人之根本规定，而只是从人存在于世的现实出来，相信只有人自身之努力来获得现实性的平等、自由和幸福。但是，道教却并未走上这两种绝对主义的路子，而是在命与人之间选择了折中的方式，一方面坚信人世有命运之安排；另一方面则希望打破宿命，强调自救，希冀以自身的修道方式来打破“人终有一死”的自然宿命。

---

① 《云笈七籤》卷59,《道藏》第22册，文物出版社、上海书店、天津古籍出版社，1988年，第408页。

② 王明编.太平经合校.北京：中华书局，1960年，第70页。

第五节　自我觉醒之诱因四：贪生畏死与人生之悖谬

道教人士之所以走向求道、修道、悟道之路，其最为根本之原因，就在于他们认识到了个体在世所不得不承认和直面的一个存在论事实：人是要死的。出于此种对于死亡的恐惧，人的自我意识得以根本地觉醒。人与人之不同，不仅仅在于我们实际的种种生活际遇，而更为重要的则在于每个个体的“不可逆性”，死亡刚好将这种“不可逆性”最为惨烈地加以揭示。

个体此种“不可逆性”，所彰显的则是个体自身的独特性、不可重复性、不可替代性和生存的悖谬性。道教对于个体独特性的认识，如我们前面所述，主要是从两种区分来完成的，即一是通过与万物的区分来彰显人为万物之灵，二是通过认识已死无人能替来彰显自身与他人的无关。道门中这两种彰显自身独特性的方式，究其根本，最为核心的则是对于死亡的畏惧。

一、一切诸众生，贪生悉惧死

道教教理的核心，其实就是思考如何对抗人之有死，由此而构想与依附一个最为根本的存在，即道。在对道的秉性描述上，着重强调道的无生无灭，无生，代表了道是最初的开端；无灭，代表了道之长存不衰，历世而存。对于到此种本性的强调与要求，体现于道经的许多篇章之中，如成书于唐代的《太上老君内观经》所述：

> 老君曰：道无生死，而形有生死。所以言生死者，属形不属道也；形所以生者，由得其道也。形所以死者，由失其道也。人能存生

守道，则长存不亡也。①

众生有形，因而有生灭；大道无形、无名、无情，因而无生灭。此种存在论的预设是道门人士对抗人之有死的首要依据。在此信念与预设之下，人才能通过求道、修道、悟道来最终与道合真，炼就纯阳之体，从而跟道一样，达到长生久视。

道教希冀通过修道来追求长生不死，从相反的角度来理解，则道出了修道之人内心深处的畏死心理。作为常人而言，贪生畏死是人之常情，这种世俗心理也被道门人士所深刻体察，如《太上虚皇天尊四十九章经·不杀章》所言：

一切诸众生，贪生悉惧死。②

众生虽然都是贪生怕死之人，但是多数人却并未对死亡形成一种自我觉悟，而是放浪形骸，流浪尘世，这是为何呢？葛洪在《抱朴子内篇·至理》为此论述道：

夫圆首含气，孰不乐生而畏死哉？然荣华势利诱其意，素颜玉肤惑其目，清商流征乱其耳，爱恶厉害搅其神，功名声誉束其体，此皆不召而自来，不学而已成，自非受命应仙，穷理独见，识变通于常事之外，运清鉴于玄漠之域，寤身名之亲疏，悼过隙之电速者，岂能弃交修赊，抑遗嗜好，割目下之近欲，修难成之远功哉？③

---

① 《太上老君内观经》，《道藏》第11册，文物出版社、上海书店、天津古籍出版社，1988年，第397页。

② 《太上虚皇天尊四十九章经》，《道藏》第1册，文物出版社、上海书店、天津古籍出版社，1988年，第770页。

③ 王明撰.抱朴子内篇校释（增订本）.北京：中华书局，1985年，第110页。

在葛洪看来，常人之所以能够逃避死亡之恐惧与觉悟，就在于他们沉迷于荣华、声色、是非、功名等外在的世俗认同标准，而没有认识到人之终有一死，生之短暂。通过日常生活的价值来掩盖自身对于死亡的恐惧，我们也可以在西方思想家的著述当中得到此类描述，如齐尔伯格在《畏惧死亡》一书中论道：

> 因而在正常情况下，我们实际上四处奔忙，从未相信过自己的死，一如我们对自己肉体的不朽深信不疑。我们企图把握死亡……当然，一个人会说他知道自己终有一死；但实际上他并未在意。他活得正愉快，他既不需去考虑死亡也不会为之感到苦恼——但是，这是一种纯粹理性的、口头上的认识。恐惧的自觉情感受到了压抑。①

虽然我们可以从纯理智的角度来看待死亡、分析死亡，进而消解死亡，但是：

> 在身处险境时的不安全感后面，在懦弱和压抑感背后，永远潜伏着基本的死亡恐惧。它的存在经得起最缜密的推敲，它通过许多非直接的方式表明自己……没有人能够摆脱死亡恐惧……焦虑型神经症、光怪陆离的各种恐怖症、相当数量的抑郁性自杀和众多的精神分裂症，为无时不在的死亡恐惧提供了充分的证实。这种恐惧成了特定的精神病理学情境中各种主要冲突的必然成分……可以理所当然地认为，死亡恐惧永远存在于我们的精神活动之中。②

从上可知，这样一种对于死亡本身的恐惧心理，并未因我们的理论式、宗教式的处理方式而被消解、超越和淡忘。我们知道，在对待死亡问

---

① G.Zilboorg, *Fear of Death*, Psychoananlytic Quarterly, 1943, 12:P.468-471.

② G.Zilboorg, *Fear of Death*, Psychoananlytic Quarterly, 1943, 12:P.465-467.

题上，先秦的道家都是采取一种自然主义的态度来淡然处之。庄子对待生死的知命、识本态度，还只是停留在人之有死有生的境地，还不能脱离人生的对待，即人的二元性存在，因而还不能达到人生在世的不朽。那什么样的人才能脱离常人之生死呢？在庄子看来，只有真人才能如此，如《大宗师》所言：

> 古之真人，不知说生，不知恶死。其出不欣，其入不距。翛然而往，翛然而来而已矣。不忘其所始，不求其所终。受而喜之，忘而复之。是之谓不以心捐道，不以人助天，是之谓真人。①

此种真人的形象，可以说是庄子对于人的自我理想的设定，也是为了对抗作为本我和超我混合体的人之自我存在二元性的困境。一方面要通过规劝常人对于自己的生死要知命、识本，由此而安抚人之有死所带来的种种思虑、不安、忧愁等负面的情绪；另一方面则做出另外的承诺，以真人这样一种超我形象给予人超凡脱俗的承诺和人生目标。

从庄子的态度上看，其对于死亡是以一种知命、统一、超越的姿态来处理个人对于死亡之恐惧、悲伤，最终希冀走上真人之路，从而“不知说生，不知恶死”。

道门中人除了探讨死为常人所畏之外，同时也揭示了仙士同样也对死亡充满畏惧，但畏死之后所导致的觉悟和行动却各有不同，如张道陵在《老子想尔注》对“人之所畏，不可不畏。莽其未央！”注曰：

> 道设生以赏善，设死以威恶。死是人之所畏也。仙王士与俗人同知畏死乐生，但所行异耳。俗人莽莽，未央脱死也，俗人虽畏死，端不信道，好为恶事，奈何未央脱死乎。仙士畏死，信道守诫，故

① ［清］郭庆藩.庄子集释. 诸子集成，第3册.北京：中华书局，1954年，第103-104页。

与生合也。[①]

道作为宇宙万物之根本，以设生、设死的方式来赏善、威恶，道在此具有了一种人格力量，道由此具有了赏罚之意志，此处之道就相当于具备了人格意志的“天”。而天对于人最大的惩罚，或者说限度，就是以死来威慑人的意志。仙士与俗人都是畏死乐生之徒，但他们在明白人终有一死此一根本事实之后，各自采取的行动却有所差异：俗人由于其内心懵懂，沉迷世俗所好，不信道，好为恶事，所以不能脱离死亡之道；而仙士在明白人之躯体终有一死之后，能够跳脱世间名利权势等等之束缚，转而信道守诚，故而能够保持生生不息之态势。

因此可以说，畏惧死亡是道门中人求道、修道、悟道之首要和根本的内在动力，在此动力之下，才有可能敬畏世间其他的存在者。

二、太上畏道，其次畏天，其次畏物，其次畏人，其次畏身

人开始有所畏，代表了人的自我意识开始认识到人作为个体所具有的局限性，开始懂得自由意志的非绝对自由。因而，自由往往就不再是“任意”，而是懂得自身之尺度，在此尺度之中寻求自我的实现。

道教对于人之敬畏心理，主要表现在道门中人对于世间存在者整体的畏惧，如孙思邈在《枕中记》所云：

> 夫治身者不以忧畏，朋友远之；治家者不以忧畏，臣仆侮之；治国者不以忧畏，邻境叛之；治天下者不以忧畏，道德去之。故忧畏者生死之门，礼教之主，存亡之由，祸福之本，吉凶之元也。是故士无忧畏，则身名不立；农无忧畏，则稼穑不滋；工无忧畏，则规矩不设；商无忧畏，则货殖不盈；子无忧畏，则孝敬不笃；父无忧畏，则慈爱不着；臣无忧畏，则前庸不达；君无忧畏，则社稷不安。故养性

① 饶宗颐.老子想尔注校笺.选堂丛书，之二.香港：苏记书庄，1956年，第27页。

者，失其忧畏则心乱而不理，形躁而不宁，神散而气越，志荡而意昏。应生者死，应存者亡，应成者败，应吉者凶。夫忧畏者，其犹水火，不可暂忘也。人无忧畏，子弟为勍敌，妻妾为寇仇。是故太上畏道，其次畏天，其次畏物，其次畏人，其次畏身。①

对忧患意识与敬畏之情的强调和重视，彰显了道门中人对于世事人情的深刻体悟，此种体悟表明了道教人士对于个体意志限度的清醒认识。忧患意识和敬畏之情贯穿于个体治身、治家、治国、治天下的人生路向之中，同时也是士、农、工、商、父、臣、君等社会角色和社会关系的重要处世至宝。推而广之，对于养性修道之人，则会对其形、神、志也产生至关重要的影响。由此，道门主张人人当懂得畏道、畏天、畏物、畏人、畏身。

就畏道而言，在道经当中经常强调的是对于大道的敬畏，此种敬畏的直接表现形式即是道经对于大道自身的种种溢美之词。道因为自身所具有的本根地位和化生万物的神奇大能而为求道者和修道者所膜拜与敬畏，而膜拜与敬畏之原因，则在于大道所彰显的无所不能、无所不在和无所限制。与此对比，人则显示了其自身的有限，此种有限，即在于人是肉身的存在，因为对于物质、时间有所依赖，人需要通过衣食住行等物质性的交换来维持自身的生命，同时也无法逃避自然时间对于人生命的安排，最终走向死亡。除了人对于大道此种敬畏之外，天亦是如此，如《太平经》壬部所言：

天畏道，道畏自然。夫天畏道者，天以至行也。道废不行，则天道乱毁。天道乱毁，则危亡无复法度。②

---

① 《枕中记》,《道藏》第18册，文物出版社、上海书店、天津古籍出版社，1988年，第465页。

② 王明编.太平经合校（增订本）.北京：中华书局，1960年，第701页。

天为道所生，故而对道亦存敬畏。同时，道亦是天运行之根本规则，天偏离了大道，则天道乱毁，不复常态，而“道畏自然者，天道不因自然，则不可成也”[①]，其实此处的“道畏自然”，亦是天道畏道之意。

古代由于科学的不发达，人类面对大自然的力量时，人力往往有其限度，因而对于上天的力量也是心存敬畏。天在古代人的心目中，往往具有生杀之大权，认为种种天灾都是上天所给予世间之人不守天道的惩罚，如《太平经》壬部所言：

> 凡人不能相拘，故自制命。为不善，天将诛之。故小人得诛于中人，中人得诛于上人，上人得诛于大人。夫小失法，自致危亡。夫神灵大小之诛亦若此。而不能拘制，天当诛之必矣。[②]

人如果不能约束自己的自由意志，胡作非为，不尊天道，那么上天就会降罪于世间，以水灾、兵灾、虫灾等常见的方式来警醒人世，由此而唤醒世人对于上天的敬畏之情，以驱使民众和统治阶层信守天道。

关于物的理解，可以从这样几个方面来进行：一是与人相对，人、物有所区别，这里的物就主要是指自然万物、人造之物等，比如动物、植物、矿物、人造之种种器具等；二是与人相和，人亦为物之一部分，即道教经常强调的“人为万物之灵”，人与物同为万物；三是与心相对，心、物二者往往是指内心与外物，物在此的使用范畴更广，包括酒、色、财、气、名、权、自然、器具、人情、身体等，统称为“身外之物”，其实即是心外之物。

对物的畏惧，在《老子》和《庄子》当中都有提及和申论，比如《道德经》第12章所言：

① 王明编.太平经合校（增订本）.北京：中华书局，1960年，第701页。

② 同上。

> 五色令人目盲，五音令人耳聋，五味令人口爽，驰骋畋猎，令人心发狂；难得之货，令人行妨。①

五色、五音、五味、畋猎、难得之货等这些身外之物，都可以诱惑修道之人放纵内心，心神不定，向外索求，不利于修道者谦虚自守、节欲保精，因而对于求道、修道、悟道都是一大障碍。所以，老子主张那些有至于求道之士当远离和节制对于上述诸物的欲望，保持一种警诫与敬畏之心，不为外物所缚。

庄子对于人世当中的权位名势、富贵荣华也是多存畏惧之心，认为它们多是衰耗身体、损伤精神，因而当心存畏惧，远离这些外物，如《庄子·至乐》说：

> 夫富者，苦身疾作，多积财而不得尽用，其为形也亦外矣。夫贵者，夜以继日，思虑善否，其为形也亦疏矣。人之生也，与忧俱生，寿者惽惽，久忧不死，何之苦也！其为形也亦外远矣。②

在庄子看来，俗人之乐带给人最大伤害的就是对于人身的损耗，不能让人全生保命。人的欲望和人的身体之间总是保有一种张力，人如果为求过多的欲望享受，身体则要以物役、情劳为前提，而这一切却是对人自然生命的戕害，常人的人生乐趣也是充满了不完善、充满了有限性。

世俗之人的快乐是建立在感官基础之上的，一切都是可见、可感、可求的，它来自于五官，最终也是要服务于五官，它是被人的身体所规定，而这一切在庄子看来却是对于人身之伤害，是愚蠢之事。因此，人需要对这些东西保持敬畏和批判。

发展到道教这里，对于物的批判和畏惧也是屡见于道经当中。道门人

① ［晋］王弼注.老子注.诸子集成，第3册.北京：中华书局，1954年，第6页。
② ［清］郭庆藩.庄子集释.诸子集成，第3册.北京：中华书局，1954年，第269页。

士之求道，首先表现在一个方面，就是他们对于世俗之物的畏惧、蔑视和舍弃上。他们对物的认识，主要包括两个方面：一是人缚于物；二是物非长久。

在人缚于物的问题上，道门认为凡人不能清醒意识到外物对于人之种种戕害，而是前赴后继，丧于酒色财气、名利权势等，如《老子道德经河上公章句》《无能子》所言之：

嗜欲伤神，财多累身。①

天下人所共趋之而不知止者，富贵与美名尔。所谓富贵者，足于物尔。夫富贵之亢极者，大则帝王，小则公侯而已，岂不以被衮冕、处宫阙、建羽葆警跸，故谓之帝王耶！岂不以戴簪缨、喧车马、仗旌旃铁钺，故谓之公侯耶。不节之以衮冕、宫阙、羽葆、警跸、簪缨、车马、鈇钺，又何有乎帝王公侯哉！夫衮冕、羽葆、簪缨、鈇钺、警旃、车马皆物也。物足则富贵，富贵则帝王公侯，故曰“富贵者，足物尔”。夫物者，人之所能为者也，自为之，反为不为者感之，乃以足物者为富贵，无物者为贫贱。于是乐富贵，耻贫贱，不得其乐者，无所不至。自古及今，醒而不悟。壮哉！物之力也。

夫所谓美名者，岂不以居家孝、事上忠、朋友信、临财廉、充乎才、足乎艺之类耶。此皆所谓圣人者尚之，以拘愚人也。夫何以被之美名者？人之形质尔。无形质，廓乎太空，故非毁誉所能加也。形质者，囊乎血，舆乎滓者也。朝合而暮坏，何有于美名哉？今人莫不失自然正性而趋之，以至于诈伪激者，何也？所谓圣人者误之也。②

富贵与美名，乃世人所孜孜以求的，也是儒家所注重的一种自我实现方式，更是世俗之人赖以安身立命之主要动机。但富贵实乃人迷恋于物的

① 王卡点校.老子道德经河上公章句.北京：中华书局，1993年，第32页。

② 《无能子》卷上，《道藏》第21册，文物出版社、上海书店、天津古籍出版社，1988年，第709–710页。

一种执着，人毕其一生的功力去占有更多的世间之物，以求得安全感与满足感，同时亦是为了博得世人之艳羡。此种艳羡，在人对美名的追求上，亦是如此。儒家所看重的孝、忠、信、廉、才、艺等莫不具有此种博得他人赞扬和艳羡的自私动机。因此，在道门之人看来，物与名皆是耗精伤神之物，人当远离此种束缚。

物除了对修道者具有此种束缚之外，还在于物自身的非长久性，而物有生死，就在于它们有形。万物赋形而生，因而有其局限，必将走向死亡之途。因此，物不可执著，故而需要保持警戒之心，不沉迷于万物之中，不为万物所转，回归人之内心，保守己身之精、气、神。

但人自身是生活于社会之中的，人是社会群居动物，人除了能够自我封闭于自身之内外，还是不得不面对人世的险恶，对他人也时刻需要保持敬畏之心，人对人的畏惧也体现于道经的著述当中。而人之可畏，即是因为人与人之间是各有所求的个体，人有所求，必定会与他者形成利益冲突，在对利益冲突的解决与对峙之中，人就不得不面对与他者之间的相处问题。人与人之间关系，在古代也多被先哲们所思考，如前面所述，庄子在《人间世》就探讨了诸如个体与君主、王储等特定人群的相处之道，彰显了个体在世与人而处所具有的审慎态度和畏惧之心。

沿着先秦道家对于人世的深刻体悟，道教中人对于世间人情之险恶也是多有体会。因而，与人相处之诀窍，在道经当中经常被强调，在这些诀窍中，主要有远离是非、含垢忍辱、苦己利人等。比如对于“人我是非”的批判，道门中人主张“绝人我是非”，以求消除人际之纷争与倾轧，如马钰在《洞玄金玉集》和《丹阳真人直言》所言：

> 人我山头生死关，劝人推倒我人山。人我即除心性善，自然跳出死生关。①
>
> 师父为众言曰：汝等每日不可忘日用事，其日用有二：有外日

① ［金］马钰.马钰集.济南：齐鲁书社，2005年，第19页。

用，有内日用。外日用者，大忌见他人之过，自夸己德，妒贤嫉能，起无明火、尘俗念，生胜众之心，人我是非，口辩憎爱……①

所谓外日用，其实就是与人相处之道，而人与人由于其性格、利益、党派之不同，往往会有许多是是非非。面对此种是非，道门主张远离世俗之人的浅见，超越是非之争，而求自身之圆满。

含垢忍辱之道也是道门修行的一种重要法门，其目的即是为了消解道人心中的自我意识，同时也是为了避免与他人发生矛盾，锻炼自身心性、气度，以求达到“无我”之境，如清初龙门派第七代律师王常月在《碧苑坛经》里所强调的：

戒子，总要自己发心，忍辱释怨，受苦任难，忘耻吃亏，解怨顺孽，降伏此心，一切承受，执定戒刀，时时自杀无明火，刻刻身披忍字衣，听人打骂，甘人欺侮，任人谤讪，随人羞辱，皆不能破我一点戒心。

以至无端连累，王法官刑，霹雳青天，火烧雷打，一切水淹贼劫，狼衔虎咬，病毒蛇伤，魔压鬼迷，妖缠精害。世俗横言曲语，败坏名声；仇人恶口诅咒，毁虐亲属。甚而不容逃避，割截肢体，无能躲闪，破败此躯，总系往因定劫，难辞运限当头。只可安心承受，顺合天心，偿还宿债，报对前因。②

面对种种耻辱，王常月一是强调忍之，二是强调认之。认即认命，相信因果报应，今生自己所受之辱，必定是前世犯下过错，因此不要去争个你死我活，忘掉自己心之嗔怒，忘掉自己的一切。此种修心之法确实是宗教修行极为重要的手段之一，对忘我的强调一直是儒、释、道三者共同的

① ［金］马钰.马钰集.济南：齐鲁书社，2005年，第252页。

② ［清］王常月.碧苑坛经.藏外道书，第10册.成都：巴蜀书社，1994年，第172页。

追求，以忘小我来成就大我。此种对忍与不忍所带来的种种好处与坏处，王常月在《碧苑坛经》里也多有提及：

> 大众，忍则无明火息，自然五藏清凉。忍则华池水生，自然六腑调泰。忍则他心满欲，自然释怨和平。忍则我量包涵，自然胸襟阔大。大凡辱我者，我不为辱，其辱反归于彼。我辱人者，人受我辱，必以辱报于我。能忍则心气和平，便肝火不炎，化作青华救苦。能忍则心神慈善，便心火不炽，化作南斗消灾。……能忍于家者，必有益于骨肉。能忍于身者，必有益于精神。能忍于心者，必有益于性命。能忍于教者，必有益于法眷。
>
> 若不能忍，则心便不虚，神便不灵，气便不庄，量便不洪，胸便不开，愿便不大，功便不圆，行便不满，见便不透，思便不深，智慧便小，福德便浅，根基便薄，闻道不明，行道有碍，被人憎嫌，招人嫉妒，受人厌恶，惹人烦恼，为人贱慢，幽多鬼青，梦寐惊惶，明有神呵，疥癞疯疹，多劫之冤根不泯，来生之报复越深。①

从以上文字可以看出，王常月所论述之忍辱具有极强的功利色彩，忍辱之好处由具体而抽象，由物质到精神。忍辱之种种恶处也是如此，因果报应之说充斥其中，道教信仰中的功利主义色彩和精神超越追求并行不悖。

含垢忍辱的目的，究其实质，还是为了避免与他者发生矛盾，求得个体在社会当中能够保持自身生命的延续和减少修道者自身的肉体、精神纷扰。同时，也体现了道门对于众生所具有的悲悯精神，亦即道教教义所强调的“苦己利人”。苦己体现了道门中人所具备的使命精神，把众生当成自身，以牺牲自身来求得众生的解脱和幸福。利人则根本上体现了道教教义的大乘精神，以利他的方式来成就自我之精神完善和自我

---

① ［清］王常月.碧苑坛经.藏外道书，第10册.成都：巴蜀书社，1994年，第173页。

超越。

除了人之可畏，道门中人对于身之可畏也是多有提及。身体作为自己之身体，由于其肉身性，因而必定有所需求，有求必定向外索取。对于身体所具有的患害，《老子道德经河上公章句》有云：

> 吾所以有大患者，为吾有身。有身（则）忧其勤劳，念其饥寒，触情纵欲，则遇祸患也。①

身体的欲望性需求是其本能，人因其有身，就不得不面对此一在先性的事实。而道教教义所追求的“长生不死”，在早期道教那里，也多是围绕身体而展开的。因此，道门中人在修道过程中，对于身体各种感性欲求的畏惧，多被反复申述与强调，如《太玄真一本际经·譬喻品》说：

> 夫有身者众苦之本，累患之源，劳心忧虑，愁畏万端，三界蠕动更相残贼，吾我缚著，生死轮转，不能止息，皆由于身。②

总而言之，道教中人自我意识的觉醒，主要还是在于他们意识到了自身之有限，此种有限之揭示，在于他们在世的敬畏与畏惧体验。在这种“畏”之体验当中，他们觉察到了个体自身之限度。

三、人生之悖谬：世界的二元性

道门中人自我意识之所以得以觉醒，除了我们上面谈到的几个生存论因素之外，最为根本的还在于生活世界本身所具有的悖谬性，即世界本身所具有的二元性。

对于世界自身所具有的这种二元悖论，先秦道家的代表人物老子与庄

① 王卡点校.老子道德经河上公章句.北京：中华书局，1993年，第48页。

② 《太玄真一本际经》卷7,《中华道藏》第5册，北京：华夏出版社，2004年，第247页。

子都给予了深刻论述。在《道德经》第2章中，老子就从生活世界的一般现象阐述出来了人世的二元本质：

> 天下皆知美之为美，斯恶已；皆知善之为善，斯不善已。故有无相生，难易相成，长短相形，高下相倾，音声相和，前后相随。①

美丑、善恶、有无、难易、长短、高下、音声、前后等是日常生活当中人们所面对的种种二元现象，这些二元现象彰显了我们生存世界的相对性和依赖性。推而论之，贫富、贵贱、智愚、是非、生死等与人切身相关的二元性事实也彰显出了人与人之间所具有的差距和不平等。对于这些差距和不平等的觉察，也使得道门中人意识到了自我所具有的种种生存限度和生存悖论。

因而，在面对此种二元对立的现实处境时，老子主张以卑下之一方来处世为人，如《道德经》第22章说：

> 曲则全，枉则直，洼则盈，敝则新，少则得，多则惑。是以圣人抱一为天下式。不自见，故明；不自是，故彰；不自伐，故有功，不自矜，故长。夫唯不争，故天下莫能与之争。古之所谓"曲则全"者，岂虚言哉？诚全而归之。②

曲与全、枉与直、洼与盈、敝与新、少与多、得与惑，这些看似矛盾的双方，在老子这位智者看来，却是相辅相成的，二者并不是决然对立、不可调和，反而是通过卑下之元得以实现己成人成的双赢局面。因此，在面对当时的乱世局面，老子主张个体当学会柔弱、卑下、不争，从而达到保身全年的现实目标。

---

① ［晋］王弼注.老子注.诸子集成，第3册.北京：中华书局，1954年，第1–2页。

② 同上，第12–13页。

面对二元的世界悖论，老子一方面看到二元事实之间的相反相成和相互依赖；另一方面则主张以一元的方式来克服二元之间的存在与对立。此种一元之现实表现，即是我们上面所言的处卑下却刚强。进而地，由日常生存的一元性追求，上升到自然层面、精神层面、宇宙层面来追求最终之一元：道。

道在老子的思想里面，主要蕴含了生存之道、自然之道、精神之道与宇宙之道等几个重要的递进层次。在现实的生存层面，老子主张个人当效法道的特性，如柔弱、谦下、不争、顺势等特性，在日常的生活当中，不争强好胜、机巧伪诈、自以为是等。惟有如此，在当时战乱纷纷、人际倾轧之时代，个体才能够委曲求全，得以保存肉体生命。

自然之道、精神之道、宇宙之道是老子提升大道本体地位的更高层次，道因而被当作“一”，从而避免了现实有形之物所具有的“二元”悖论。此种被作为“一”的道，具有非常巨大的现实和理想决定力，如《道德经》第39章说：

> 昔之得一者，天得一以清；地得一以宁；神得一以灵；谷得一以盈；万物得一以生；侯王得一以为天下正。其致之也，天无以清将恐裂；地无以宁将恐发；神无以灵将恐歇；谷无以盈将恐竭；万物无以生将恐灭；侯王无以贵高将恐蹶。①

所谓“得一者”，即是得道者；不得一者，即是失道者。道之重要，在于它统御天、地、神、谷、万物、侯王，从自然、神灵以至人世，道无所不在，无所不包。道由此以“一”的方式克服了现实世界所具有的二元悖论，超越了世间的悖谬性而是万物归于此“一”。

同样，作为先秦道家代表性的人物庄子，也对于人世此种二元的相对性和悖论性提出了自己的深刻论述与解决之道。比如庄子对于人世所谓

---

① ［晋］王弼注.老子注.诸子集成，第3册.北京：中华书局，1954年，第24–25页。

真理是非的认识，他就持有强烈的批判性，认为世人之所以有如此频繁的分歧和自是、物论不已，就在于常人多是“以是其所非而非其所是”[①]，其所导致的现实后果即是“彼亦一是非，此亦一是非”[②]。而世人之所以如此地沉迷于是非之争中，根本就在于他们没有意识到认识主体所具有的相对性，他们沉迷于以自我为中心的价值评判标准而未能跳出自我的框框，如《庄子·齐物论》所言：

> 既使我与若辩矣，若胜我，我不若胜，若果是也，我果非也邪？我胜若，若不吾胜，我果是也，而果非也邪？其或是也，其或非也邪？其俱是也，其俱非也邪？我与若不能相知也，则人固受其黮暗。吾谁使正之？使同乎若者正之？既与若同矣，恶能正之！使同乎我者正之？既同乎我矣，恶能正之！使异乎我与若者正之？既异乎我与若矣，恶能正之？使同乎我与若者正之，既同乎我与若矣，恶能正之？然则我与若与人俱不能相知也，而待彼也邪？[③]

我、你、他三者各执其是非，既使我辩论胜了你，或者你辩论胜了我，就代表你或我就是对的吗？或者我们都对或都错？我与你之间的是非该找谁来定夺呢？如果找一个跟我是非标准一样的人，那么就对你是不公平的；如果找一个跟你是非标准一样的人，那对我而言也是不公平的；进而找一个跟我们是非标准不一的人，那么是非的界定就更不可能一致了。

而人之所以不能脱离世俗的是非之争，根本就在于他们没有认识世间万事万物与价值的相对性，亦即人世存在的二元性。对世间万事万物相对性的认识，如《庄子·齐物论》所述：“故为是举莛与楹，厉与西施，恢恑憰怪，道通为一。其分也成也；其成也毁也。凡物无成与毁，复通为

① ［清］郭庆藩.庄子集释.诸子集成，第3册.北京：中华书局，1954年，第31页。

② 同上，第32页。

③ 同上，第50–51页。

一。”[①]庄子对于世间所谓的种种人为区分和世俗之人的种种浅见之批判，深刻揭露了世人沉迷于人世二元的迷宫之中，未能从大道之层面来超越人世之二元。

作为对先秦道家思想之继承者与发扬者，道门人士在对日常生活的体验与感悟之中，亦对人世的二元性悖论体悟深刻，他们也从不同层面论述了世间之二元悖论和解救之道。

对于人世二元之认识，道门中人主要从几个层面来予以阐释：（1）道分有无；（2）气有清浊；（3）人有贫富、贵贱、愚智；（4）世有是非；（5）形有生死等。

道分有无二个层面，这种观点为先秦道家所奠定。《道德经》对于有、无的论述是开端性与奠基性的。首先，在《道德经》的开篇，老子即为我们描述了道所具有的这种悖论性：

> 无名天地之始；有名万物之母。故常无欲，以观其妙；常有欲以观其徼。此两者同出而异名。[②]

有与无在此是同出于道，只不过是道所遮蔽与显现的两种形态。就其无而言，道是无相、无声、无形，如第十四章所言：“视之不见，名曰夷；听之不闻，名曰希；搏之不得，名曰微；此三者，不可致诘，故混而为一。”[③]道就本性而言，对语言、逻辑、形象是拒绝的，因为唯有如此，道才能逃脱世间有形之物之有限。

但道同时又是化生万物之根本，因而其另一面即是表现为“有”：“道生一，一生二，二生三，三生万物。万物负阴而抱阳，冲气以为和。”[④]此处文字既表明了老子对于宇宙生成的基本看法，也道出了大道最终必须显现为

① ［清］郭庆藩.庄子集释.诸子集成，第3册.北京：中华书局，1954年，第34页。

② 同上，第1页。

③ 同上，第7页。

④ ［晋］王弼注.老子注.诸子集成，第3册.北京：中华书局，1954年，第26页。

世间万物。其中“一”代表了先天元气，“二”则为阴阳二气，“三”则为三者之共同作用，共生万物，即世间之“有”。

道教教义对于大道之有、无特性，也是多有继承与阐扬，对于“无”之特性的强调，如六朝时的《洞玄灵宝本相运度劫期经》说：

> 问曰：道何以称一？答曰：名道者，无为无不为，高而无盖，下而无底，上无复尊覆，下无复卑承；无匹无偶，无譬无喻，淡泊虚无。万圣之祖宗，乃至世界恒沙尊神，莫不宗述以成至真。是故独标圣外不可思议，而无群徒，故称之曰一耳。①

道能够被称之为“一”，就在于它具有此种“无”之特性，即无限或虚无。推而广之，从作用而言，即是无为而无不为；从空间而言，即是高而无盖、下而无底，贯穿宇宙所有；从数量而言，即是无匹无偶，仅此一个；从语言而言，则是无譬无喻，在语言描述之外。因其无，故能成就世间“万有”。此无并非万物意义上的“无”——消亡或没有——而是一种存在意义上的“有”，即“无”存在着。

道因其为万物化生之根本，因而也往往需要显现为“有”，此种“有”首先即非占有：“元气生万物而不有。”②因其化生万物而不占有万物，故能遍显于万有：“道无弃物，物无非道。通六合之内外，贯万有之洪纤，莫不皆存。”③

道作为宇宙之根本，其显化的方式，在道门看来，即是以炁的方式来化生万物，故而道经经常以“道气”来连称，道即气、气即道，如《云笈七籤》卷32所转述《服气经》的话：“《服气经》曰：道者，气也。保气则

① 《洞玄灵宝本相运度劫期经》,《道藏》第5册，文物出版社、上海书店、天津古籍出版社，1988年，第851页。

② 王卡点校.老子道德经河上公章句.北京：中华书局，1993年，第7页。

③ 《云山集》卷8,《道藏》第25册，文物出版社、上海书店、天津古籍出版社，1988年，第419页。

得道，得道则长存。”[①]因而，道气就常常是化生万物之根本，如《太上大道玉清经》卷10说：

> 天尊告曰：道气之妙，其法至神。天地万象，元气所生，未有一物不由元气而得自在。升沉飞走，乘气而游，得气则存，失气则亡。……气有清浊，事有否泰。服清气者活人，御浊气者杀人。清气上浮，浊气下沉。清气为天，浊气为地。[②]

元气其实即是道之别名，而道与气的特性十分相近，都是无形、无象、无味但同时却是无处不在，无所不包。因而，道与气二者在道经当中被等同，元气即道，道即元气。道为一，元气亦为一，因而需要分化，即气分清浊。这样，受清气者能活人、受浊气者杀人，清气上浮为天，浊气下沉为地。气之清浊也决定了人之利钝、贵贱、善恶。

由于人为一气所化，千殊万别，故而世间是非不断、物论不已。远离是非人我成为了道门修炼的重要手段和方向。是非与人我之所以对修道者不利，根本就在于人人皆有“自我”，以自我为中心，放不下种种知见与自尊，容不得他者、异质之存在，事事都以自我的快乐、尊严为行动与言语之依归，所以才导致世间的冲突、矛盾。

进而地，道门发现人世之所以有那么多的是非人我这些二元对立，最为根本地即在于人自身最大之悖论：人处在生死之间。生与死是道门人士对于人世悖论的最为根本之体验。人在出生的那一刻起，就注定要走向死亡。而死亡成为了评定人世一切价值的突破点和根本点，死亡迫使常人与道人不得不思考人世与宇宙之中能够对抗人之有死的种种方法。

在对人世与宇宙深刻地体悟下，道门希冀通过“长生不死”“得道成

---

① 《云笈七籤》卷32，《道藏》第22册，文物出版社、上海书店、天津古籍出版社，1988年，第234页。

② 《太上大道玉清经》卷10，《道藏》第33册，文物出版社、上海书店、天津古籍出版社，1988年，第375–376页。

仙”的基本教义来对抗人之有死，希冀通过种种道术来延绵自我的长存，以期能够实现自我的在世价值，在封建极权主义的夹缝之中找寻一种远离政治、远离人世和远离身体的修道之途。这些方术之选择，始终是建立在他们对于人世悖论的深刻体验之中，这些体验也使得他们得以深刻认识人之自我。由此，他们得以找寻出一条不同于儒释的自我实现之路。

第二章　自我构成论

人类思想史中对于人自我的探讨，如导论中所言，在不同的时期、不同的学科都有不同的规定，可以说是一个不断深化、细化和科学化的过程。如古希腊亚里士多德就认为“人是理性的动物”，实际上人的自我即为理性所规定，人凭借理性而与动物相区分，凭借动物而与神相区分，人的自我其实是介于神与动物之间，理性成为了自我的根本规定，人凭借理性而彰显了自我的尊严，此种理性在古希腊即表现为理论理性，亦即古希腊人希望通过理论的洞见来试图洞察宇宙与人世的根本，以理论探讨的方式来实现人自我对于大自然、对人世的分析和求证。到了中世纪，人的自我是被信仰所规定，自我其实是被神性所规定，或者说人的自我是奉献给了上帝和邻人，自我所必须的美德就是信、望、爱，自我以一种臣服的心态拜倒在上帝的脚下。

进入到近代，笛卡尔所强调的“我思故我在”则彰显了自我的人性，而非中世纪的神性，亦非完全之兽性，思想之我成为了近代哲学的逻辑起点，自我成为了创造性的主体，人的力量得到了肯定，此时的理性成为了创造理性，强调的是人的创造力，人去设立世界，为世界寻找标准和尺度。到了现代思想的维度，人则成了无家可归的人，自我也成了一个迷失的自我，个体存在意义的问题超越了传统哲学所探求的理性洞见，人的情感、意志、存在取代了传统哲学所关注的理性问题，从而转向对存在的探讨，个体在世的意义问题成了现代哲学的主题。后现代则从根本上试图否定传统哲学和现代思想对于形而上学的渴求，它们以无根据和反原则的方式消解了传统哲学和现代思想对于人生本质和宇宙根基的设定，认为人生、宇宙都无一元或多元的根本，世界是一个无规定的世界。由此，人的自我走向了分裂，成为了碎片。如果说现代哲学以“上帝死了”来宣告与传统形而上学的决裂。那么，“人死了”则根本否定了传统与现代哲学对于人、自然、宇宙的形而上学设定。

反观道教对于人之自我的认识，其根本预设即在于肯定大道之存在，道成为了人生、自然、宇宙的根据和目的。在此基本前提下，人的自我被看成是一个不断回归大道的过程。此种回归同时预设了人性曾经所具有的清纯本性，此本性即道教所强调之道性、本来面目或者说是人性的“乌托邦”时代，如《太平经》所言之：“夫上古之人，人人各自知真道，又其时少邪气。太上中古以来，人多愚，好为浮华，不为真道，又多邪气狂精殃咎，故人多卒穷天年而死亡也。”①上古之时，人人都是清纯守道，因而人性淳朴，人的自我也是无欲无求、各得其所的。中古至今世，则人心浮华，不为真道，就是由于人的自我多向外驰，追求外物，不思真我。

在预设了道这一存在本体下，道门人士对于人自我的发展也注入了许多自身的理解，他们对于人身的孕育、自我的构成要素、自我的情与欲、自我的性格气质等问题都从道教自身的教义来阐发自己的理解。

第一节　人的孕化过程②

自我作为人的一部分，代表了人所具有的精神与肉体特性，其建立的基础即是人之有身，人有身才可能有我。而人身之形成，在道门中人看来，既是一个自然的孕育过程，也是一个神性充满的过程，如《上清九丹上化胎精中记经》论道：

---

① 王明编.太平经合校.北京：中华书局，1960年，第295页。

② 《道教人学》第四章“人的生活历程”对于“人的孕育”有详细讨论，此处参考了该书的一些材料。

一月受气，二月受灵，三月含变，四月凝精，五月体首具，六月化形，七月神位布，八月九孔明，九月天气普，乃有音声，十月司命勒籍，受命而生。故人禀九天之气，阴阳之精，名曰九丹，合成人身。①

个人生命的孕育，按一般的常识，即是十月怀胎。从上段引文可以看出，道门人士对于人的孕育，既有常识的观点，亦有宗教性的理解。道教将自身重要的一些范畴引入到了人身的形成过程之中，如气、灵、精、形、神等，强调了精神因素与物质因素在人身形成过程之中所具有的次第、作用。除此而外，道门对于人之孕化过程，亦有与上述不同的观点，如《太上老君内观经》说：

老君曰：天地构精，阴阳布化，万物以生，承其宿业，分灵道一，父母和合，人受其生。始一月为胞精，血凝也；二月为胎形，兆胚也；三月阳神为三魂，动以生也；四月阴灵为七魄，静镇形也；五月五行分藏，以安神也；六月六律定腑，用滋灵也；七月七精开窍，通光明也；八月八景神具，降真灵也；九月宫室罗布，以定精也；十月炁足，万象成也。②

与《上清九丹上化胎精中记经》不同，《太上老君内观经》对于人身之孕化，认为首先是从精开始，以炁结束，十月胎熟，人身即得。在人身的孕育过程中，一月为血之凝，二月胚胎成，三月阳神为三魂，四月阴灵为七魄，魂魄观念被引入到了人身之孕化中，六月六律定，七月七精开，八月八景具，九月骨架已成形，十月炁足而生。

① 《上清九丹上化胎精中记经》，《道藏》第34册，文物出版社、上海书店、天津古籍出版社，1988年，第82页。

② 《太上老君内观经》，《道藏》第11册，文物出版社、上海书店、天津古籍出版社，1988年，第396页。

此外，道门人士对于人身的形成，也还有其他的表述，如在《太上老君说常清静经注》里，无名氏注曰：

> 夫人之受身，皆从道之一炁所生，承天顺地，合化阴阳，父母生育，结成形体。是故一月为胞天，二月为胎地，三月为三魂，四月为七魄，五月生五藏，六月化六腑，七月明七窍，八月八景降，九月神降一万八千，内外相合三万六千精光。神降形具，十月满足而受生。[①]

十月怀胎作为生命孕育的一般常识，可以从经验当中得来，所以道门对于人的孕育，在胎怀十月上是一致的。同时，人为道气所化，道门人士也是基本认同的。但是在胚胎所具有的各种物质、精神要素的形成次序、时间上，却各有不同。

第二节　自我的构成要素

从上节关于人的孕育过程我们可以大致了解到，道门对于人的自我形成要素，都有一些基本的共识。比如他们基本上都认为人在十月怀胎的过程之中，慢慢就会有精、气、神、魂、魄、灵等物质性、精神性的要素注入人身之中。此种注入，从道教的文献上看，应该是一种自然而然的运化过程，不涉及意志问题，即创造者的个人意愿问题。道对于天地万物的化生，往往是强调其无为而化，个体意志被淡化了。

道门对于自我决定性的东西，多强调人与人之间的共性，对于自我成为自我的独特性强调较少。自我能够区分，如我们导论中所述，主要是通过人与物、人与常人之间的区分得以完成的。个人通过“灵”而与万物相

① 《太上老君说常清静经注》，《道藏》第17册，文物出版社、上海书店、天津古籍出版社，1988年，第143页。

区分，再通过“仙人”而与“常人”相区隔。这种区分，最为根本的是建立在人所具有“道性”这一预设之上。而道性之具体于人，则是通过精、气、魂、魄、形、神、心等范畴来得以展现于人身。

一、物性要素：精、气、命（形）

1.精

道门认为人之自我构成的物质要素和生命的内驱力，主要是精、气。精、气、神被道门认为是人身之“三宝”，如三十代天师张继先在《明真破妄章颂》所述：

> 道生天地，天地生人，人禀阴阳，一炁生三，人身三宝（元精元气与元神，三者无形亦有形）……[①]

道作为宇宙之根源，其生天地，天地进而生人。人因为禀一炁而生，所以有阴、阳二气，进而二气变三，即为人身之三宝。此处宇宙生成的模式，其实就是老子所言“道生一,一生二,二生三,三生万物”之另一种表达。

精，按《说文解字》的解释，释为：“精，择米也。从米，青声。”[②]段玉裁随之为注曰：“米字，各本夺，今补。……司马云：简米曰精。简即柬，俗作拣者是也，引申为凡取好之称。拨云雾而见青天亦曰精……”[③]由此可知，“精”最初的含义即是挑选好米，亦即米之上等者，引申之意，凡是挑选好的东西就可称之为“精”。因此，精在汉语里面，就有了精华、灵气、精力（神）、精液、神灵鬼怪、精细、精诚、精通、明亮、花等含义[④]。

---

① 《明真破妄章颂》,《道藏》第19册，文物出版社、上海书店、天津古籍出版社，1988年，第848页。

② ［汉］许慎撰、段玉裁注.说文解字注.上海古籍出版社，1988年第2版，第331页。

③ 同上。

④ 《辞源》（修订本）下册，北京：商务印书馆，1983年修订第1版，第2388页。

道门经典当中所谓之“精”，其常见含义即为精液，如《重阳真人金关玉锁诀》所云：“问曰：既为人，因甚生死先后者，何也？答曰:先死者，为其人心著欲乐，贪恋境界。是男子者损精，妇人损血。”①男子所损之精，即是指男人的精液。此类之精，道门往往将其归之于“后天之精，交感之精”②，“精”与“气”“神”于是就有先天、后天之分，如元末明初全真道士王道渊在《还真集·还丹秘要论》云：

> 人禀父精母血而生，初为赤子之时，元精、元炁、元神无不纯全。及其年渐长，盖因眼、耳、鼻、舌四门所诱，一灵真性被色、声、香、味所触，习染冞深，是以日复日、岁复岁，元精化为交感精，元炁化为呼吸气，元神化为思虑神。③

人是从父精与母血的合化中而成，因而当人是婴儿时，元精、元炁、元神未受到外在世界各种物欲的诱惑，能够保有纯精、纯炁、纯神。随着年岁的增长，人的感觉器官需要各种欲求，就向外追求色、声、香、味等种种物欲来满足人的自我需要，由此而致使人身的元精变为交感精，元炁化为呼吸气，元神转为思虑神。

精除了上面我们谈到的“精液”之意外，在道经当中，还常常具有精神、精怪、精纯、日月之光等含义。论精神的，如唐代杜光庭在《太上老君说常清静经注》里云：“上士者，外炼形质，内养精神，外和其光而同其尘，内修功而保其元也。”④；论精怪的，如《黄帝九鼎神丹经诀·明防辟恶邪魅守神保身》载：“凡欲辟鬼受符等法，皆宜知之。山精或如鼓，赤色，一足，其名曰辉，如人，长九寸……山中大树精，此树能语，名曰云

① ［金］王重阳.王重阳集.济南：齐鲁书社，2005年，第281页。

② 《修真后辨》,《藏外道书》第8册，成都：巴蜀书社，1994年，第495页。

③ 《还真集》卷中,《道藏》第24册，文物出版社、上海书店、天津古籍出版社，1988年，第102页。

④ 《太上老君说常清静经注》,《道藏》第17册，文物出版社、上海书店、天津古籍出版社，1988年，第190页。

阳。”[①]论精纯的，如《清和真人北游语录》卷2云：“人初禀道气以生，亦必随道气之盛衰。当其天地始判，道气精纯，所生之人性如赤子，皆服其气，而寿数岂止于万。”[②]论日月之光的，如《太上洞玄灵宝业报因缘经》云：“道君曰：天地未分之时，混混沌沌，溟涬无形。元始妙化，运转开张，清气上澄，浮而为天；浊气下凝，结而为地；阳精为日，阴精为月；日月之精，为星辰和气。”[③]

“精”在道门典籍当中常常与之关联的两个重要范畴是精气。如《云笈七籤》卷91所载《七部名数要记》对“精气”之论述：

> 老君曰：天地未形，窅窅冥冥。浑而为一，自然清澄。凝浊为地，清微为天。离为四时，分为阴阳。精气为人，烦气为虫。刚柔相成，万物乃生。[④]

此处的精气即“气之精者”，亦即清气。人作为万物之最灵者，道门认为是禀清气而成的，而不是烦气。

精与气相连，还在于精本身是从气所来的，如《上清九丹上化胎精中记经》所言：

> 凡人生皆禀九天之气，气凝为精，精化成丹，丹变成人，结胎含孕，法于自然。既得为人，当还哺养本真，使精溢六府，气降神庭，

---

① 《黄帝九鼎神丹经诀》卷4，《道藏》第18册，文物出版社、上海书店、天津古籍出版社，1988年，第806页。

② 《清和真人北游语录》卷2，《道藏》第33册，文物出版社、上海书店、天津古籍出版社，1988年，第160页。

③ 《太上洞玄灵宝业报因缘经》卷9，《道藏》第6册，文物出版社、上海书店、天津古籍出版社，1988年，第125页。

④ 《云笈七籤》卷91，《道藏》第22册，文物出版社、上海书店、天津古籍出版社，1988年，第629页。

内外光鲜，与真同灵。[①]

道门从黄老道家那里继承了“元气生万物”的思想。因而，气往往被当作万物产生之源头和动力。气因此既是质料因，也是动力因。

2.气

道门对于气之重要，多有强调，如《太平经》所言：

失气则死，有气则生，万物随之，人道为雄。故立五官，随气而兴，天道因气飞为雄。真人积气，聚神明，故道终常独行，万民失气故死。[②]

此处气之地位与决定性作用，其实是相当于道。而道在道典当中往往被物化为“气”，道即气，气即道，如《云笈七籤》卷56“元气论”所云：

夫道者何所谓焉？道即元气也。元气者，命卒也。命卒者，惟中之术也。以存道为法，化精为妙，使气流行，运无阻滞。[③]

将“道”物化为“气”，其目的就在于要解决道与物之间化生的中介和动力问题。作为中介，气承担了桥梁连接的作用，气因而具备了道一样的特性。作为动力，气以“化”的神秘方式来产生世间万物。因此，在道经当中，“道”与“气”经常连用，道是以气化的方式来展示其化生万物的功用，如尹志平在《清和真人北游语录》卷3中所云：

---

① 《上清九丹上化胎精中记经》,《道藏》第34册，文物出版社、上海书店、天津古籍出版社，1988年，第87页。

② 王明编.太平经合校.北京：中华书局，1960年，第309页。

③ 《云笈七籤》卷56,《道藏》第22册，文物出版社、上海书店、天津古籍出版社，1988年，第386页。

> 吾闻师父尝言：道气化生天地，长养万物，其中把握，有至圣存焉。得其大者为圣贤，小者为常人，飞潜蠢动之属，止得其偏者耳。此至明之理。虽万类不同，其出于道则一也。既出于道，而皆具道性。①

此处主要谈的是道、气、天地、万物、人之间的化生关系，其实也是道门的宇宙生成论。在道气化生圣人、常人、飞潜蠢动之属时，由于气之清浊、刚柔所分不同，才导致了人世当中圣贤、人物之别。虽然万物有殊，但都是从道所化，所以都有道性。

但是，“气化万物”有两个根本的问题必须被思考：（1）气是无形之物，它是如何化万物于这些有形呢？（2）气清、浊、刚、柔的分配是以何为标准的？

我们知道，关于第一个问题，道门对气化万物过程的描述，最为常见的词是“神”“妙”，如《太上大道玉清经》所言道气化万物之神妙：

> 天尊告曰：道气之妙，其法至神。天地万象，元气所生，未有一物不由元气而得自在。升沉飞走，乘气而游，得气则存，失气则亡。②

道气是以神、妙的方式来解决有形与无形之间的生成关系，将这个过程神秘化，从而拒绝被言说、被讨论、被思考，只能以同样神妙的内证、体悟来感觉和感叹道气之神奇。

因此，道经当中就特别强调言、想是不能体察道化万物的神妙过程，如《太上妙法本相经》所言：

---

① 《清和真人北游语录》卷3，《道藏》第33册，文物出版社、上海书店、天津古籍出版社，1988年，第168页。

② 《太上大道玉清经》卷10，《道藏》第33册，文物出版社、上海书店、天津古籍出版社，1988年，第375页。

> 一切万法，各禀道气而生，因空而成。何以故？道者无形，应气万质；空者无段，通运有形。无空无气，荡绝言想；无言无想，万有隐没。是故道者万物之父，空者万物之母。①

世间万法都是从道气而来，而道气之运行方式却是以“空”来成就。为什么是这样的呢？因为道是无形，因而需要通过气来作用万物；空也是无形的，所以以“运”的方式来作用有形。气代表了道显现之物化，空则代表了道充盈于世之虚化。要体会大道这种无空、无气的境界，就必须放弃语言、思想。当人做到无言、无想的时候，万有就会湮没于内在的体悟和万有之无名、无思之中，由此才会与道合真。

可见，道门在解决无形化有形这一问题时，是拒绝以语言、思想的方式来显现，而是通过修道者个人内在的体悟、修证等非理性的方式来解决无形与有形之间的化生关系。

此外，在气化生万物标准的选择上，主要是以“命定论”的方式展开的，如《元始洞真决疑经》说：

> 一切众生凡所为作，皆因欲生。若欲行善，则能趣善。欲行恶者，便造恶事。是欲所本，由根利钝。福果之人禀气明利，其根利，故能生善欲。钝根罪报受气浊辱，其根暗钝，则生恶欲。习欲增积，成性不移，是名分别善欲之相。②

人之善恶之欲，皆因所禀之气的明利浊辱。福报高的人，禀气明利，所以人也聪明机智；福报低之人，受气污浊，所以人愚钝受罪。道教此种区分人之善恶的方法，根本而言没能回答“谁禀之气”的问题。因而，道

---

① 《太上妙法本相经》卷下，《道藏》第24册，文物出版社、上海书店、天津古籍出版社，1988年，第871页。

② 《元始洞真决疑经》，《道藏》第2册，文物出版社、上海书店、天津古籍出版社，1988年，第8页。

门对此动力的回答，是以“天道自然，人道自己”的方式来解决必然与自由之间的悖论关系，如《云笈七籤》卷32所引《大有经》说：

《大有经》曰：或疑者云：始同起于无外，终受气于阴阳，载形魄于天地，资生长于食息，而有愚有智，有强有弱，有寿有夭，天耶？人耶？解者曰：夫形生愚智，天也；强弱寿夭，人也。天道自然，人道自己。始而胎气充实，生而乳食有余，长而滋味不足壮而声色有节者，强而寿；始而胎气虚耗，生而乳食不足，长而滋味有馀，壮而声色自放者，弱而夭。生长全足，加之导养，年未可量。①

“天道自然，人道自己”说明了人世当中所具有的愚智、强弱、夭寿等二元现实，既有天生的原因，亦有人为的因素。因而，道门对此的解释是以命定论与人力论相互释的方式来解决，如《元始洞真决疑经》云：

人生受报，任命自然，数尽终败，非关习业。如刺头尖，水燥水湿，谁之所为？凡圣愚智，贵贱贫富，谁作之者？但能守分达其所禀，从容自足，何须苦行求学善法？矫性自伤，劳而无获，尚无见益，何道之有？②

一方面道门教育世人要明白自身来到这个世上，有些事情是先天规定好了的，因而所能做的事情即是接受上天所给予的，安分自足，不作非分之想。

二、情性要素：喜、怒、哀、惧、好、恶、欲

人的自我构成，除了上面谈到的物性要素之外，还有情感因素方面的

① 《云笈七籤》卷32，《道藏》第22册，文物出版社、上海书店、天津古籍出版社，1988年，第229页。

② 《元始洞真决疑经》，《道藏》第2册，文物出版社、上海书店、天津古籍出版社，1988年，第8页。

构成。所谓情者，按道门的说法是如此产生，如《刘子》卷1说：

> 人之秉气，必有情性。性之所感者，情也。情之所安者，欲也。情出于性而情违性，欲由于情而欲害情。[①]

气化万物是道教万物生成论的主要观点，因而人之性、情、欲亦是由于一气所生，情从性所出而情违性，而情之所以违性，就在于情往往会被欲所引诱。

道门继承传统中医的观点[②]，认为喜、怒、忧、悲（哀）、恐（惧）是人的“五气”，此五种情绪的产生即在于气之不同形态，如《云笈七籤》卷57转引《服气精义论》所云：

> 人有五气：喜、怒、忧、悲、恐也。怒则气上，喜即气缓，悲则其气消，恐则气下，寒即气聚，热则气泄，忧则气乱。[③]

气之不同流行，导致了人之情绪起伏不定。人怒则气急攻心，怒上心头；高兴则喜上眉梢，心平气缓；悲伤则元气大伤，消极悲观；恐惧则气焰直下，勇气全无；忧愁则心乱如麻，气行不畅。

喜、怒、哀、惧、好、恶、欲这几种常见的情绪，在修道之人看来，如果处理不当，很容易伤害修道者自身之性，如《修真十书》之《杂著捷径·养生延寿录》云：

> 一日之忌，暮无饱食。一月之忌，暮无大醉。一岁之忌，暮无远

① 《刘子》卷1,《道藏》第21册，文物出版社、上海书店、天津古籍出版社，1988年，第727页。

② 《素问·阴阳应象大论篇》载“人有五藏化五气，以生喜、怒、悲、忧、恐”。《道藏》第21册第25页。

③ 《云笈七籤》卷57,《道藏》第22册，文物出版社、上海书店、天津古籍出版社，1988年，第399页。

行。终身之忌，暮常护气。久视伤血，久行伤筋，久卧伤风，久立伤骨，久坐伤肉，久语伤气。多思则神殆，多念则志散，多事则形劳，多语则气急，多笑则伤脏，多愁则心颠，多怒则伤脉，多喜则伤血，多乐则气溢，多好则迷乱，多恶则憔悴。[①]

人之喜、怒、思、忧、恐对于身体脏器的伤害，在中医经典《黄帝内经》当中就早有论述，如《素问·阴阳应象大论篇》所言之“怒伤肝……喜伤心……思伤脾……忧伤肺……恐伤肾”[②]等，道门于此则强调喜、怒、愁、乐、好、恶等对于人体之心、脉、血、气等之害，告诫修道之人当懂得控制自己的情绪，不宜走向极端，以免伤身害心，不利修道。

三、神性要素：心、神、性

1.心（神）

（1）儒释道论“心”概述

如我们前面所述，西方传统哲学对于人之自我的认知，在根本上是为理性所规定的。对于理性的理解，按美国实用主义哲学家罗蒂在《理性与文化差异》一文中的解释，在西方哲学史上，主要有这样几种意思：

理性1是一种能力的名称，关于这种能力，乌贼多于阿米巴，使用语言的人类多于不使用语言的类人猿，以现代技术武装起来的人多于没有这种武装的人。这是一种以复杂和精致的方式调整其对环境刺激的各种反应，从而顺应环境的能力。它有时被称为“技术理性”，有时则被唤作“生存技巧”……

理性2是人类具有而野兽缺乏的一种额外的成分的名称。这种成

① 《修真十书·杂著捷径》卷24，《道藏》第4册，文物出版社、上海书店、天津古籍出版社，1988年，第708页。

② 《黄帝内经素问补注释文》卷5，《道藏》第21册，文物出版社、上海书店、天津古籍出版社，1988年，第27–31页。

> 分在我们身上出现，就是我们可以用不同于描述非人有机体的术语来描述我们自己的原因。这种存在不能够被还原为我们在拥有理性1程度上的那种差异。它是独特的，因为它设定了各种不同于仅仅为了生存的目标，例如，它可能告诉你，去死也许比去做某些事情要更好。诉诸理性2会建立起一种评价的等级体系，而不是简单地调整各种手段去适合各种理所当然的目的。
>
> 理性3大体上来说与宽容的意义相同，相当于不会因为别人与自己的差异而过分惊恐，不对这种差异做出侵略性反应的能力。这种能力与乐意改变自己的种种习惯是一致的，即不仅是为了要获得更多先前想要的东西，而且是为了把自己重新塑造成一种不同类型的人、一个想拥有不同于他先前想要拥有的东西的人。它也与更依赖于说服而非武力，依赖通过说服来改变事物而非依赖战斗、焚烧或者流放等来达到目的相一致。它是一种能够使个人和群体与其他的个人和群体和平共处，自己活也让别人活，并汇集各种新的、融合的、妥协包容的生活方式的美德。所以理性在这种意义上有时被认为，正如它被黑格尔认为的那样，是与自由同义的。①

罗蒂在此区分了理性的三种意义，简而言之，第一种理性可以等同于老子所说的“智慧出，有大伪”之智慧，即机巧，也就是上面所谈到的“技术理性”，人生存于世的“生存技巧”。第二种理性则被当做人所特有的一种意识能力，此种能力使得人与动物得以区分，并使人跟动物之间保有了一种优越感和等级关系，由此出发，此种理性因而也使得人与自身的动物性——情感、愿望、情绪、需求等——划分出等级，理性在此具有至高无上的优越性，其所涉足的往往被认为是人类精神的高级领域，它同时以追求最终和最高的本质为鹄的，而与世俗生存的种种目标相对立。第三

① 孙伟平编：《理性与文化差异》，《罗蒂文选》，北京：社会科学文献出版社，2007年，第337–338页。

种理性，则代表罗蒂所希冀的一种现实生活状态，它立足于使人与人之间能够平等的对话，按照协商的原则处理世俗生活的种种冲突，力图使得差异性得以保存，尊重个人与群体的共同价值。

第二种理性，其实即是实用主义者们经常所批判的西方传统的形而上学，此种形而上学往往以理性主义的面貌出现，如古典实用主义者威廉·詹姆士在《实用主义》一书中所指出的：

> 理性主义始终是一元论的。它从整体和一般概念出发，最重视事物的统一性。经验主义从局部出发，认为整体是一种集聚，因此并不讳称自己为多元论。理性主义总认为自己比经验主义更有宗教信仰。①

理性主义者之所以对于一元论情有独钟，就在于他们认为经验的世界是杂乱无章、变化无常的，不具有高贵性，如《实用主义》一书所言：

> 那具体的个人经验的世界，即街市所属的世界，是意想不到的杂乱、纷繁、污浊、痛苦和烦扰。而哲学教授介绍的世界，是单纯、洁净和高尚的，没有世界生活的矛盾的。它的建筑是古典式的。它的轮廓是用理性的原则划成的；它的各个部分，是由逻辑的必然性粘合起来，它所表现得最充分的是纯洁和庄严。它是闪耀在山上的大理石庙宇。②

因而，他们认为必须为这个世间与人找到一个亘古不变、一劳永逸的根据或本质，希望藉此而掌握此独一无二的“一”，从而为人世和宇宙寻找到最终的答案。由此，世间的一切争斗与冲突就会迎刃而解。

这样一种理性主义的哲学，就决定了西方思想当中的自我观被赋予了

① ［美］威廉·詹姆士.实用主义.北京：商务印书馆，1979年，第9页。

② 同上，第14页。

一种一元论的倾向，这样的自我被一种崇高感、圣洁感、纯粹感所吸引。而人的情欲、情感、愿望等感性的东西往往被斥之为邪恶、低下、短暂的，因此也是不值得追求与奉献的。进而对于人世生活的种种不公、冲突也诉诸于那高尚无比的“一元”来解决，而未能从实际生活的现状出发，通过人的力量来争取和实现现实世界各种境况的具体改变。

反观道教对于人之自我构成的见解，道门亦具有此种一元论的倾向。但是，此种一元不是西方哲学当中的“理性中心主义”传统，而是“心性中心主义”传统。

心之含义，在中国传统思想当中，主要具有如下几种：（1）作为生理器官的心脏；（2）作为意识器官的思维主体；（3）作为道德修养的主宰；（4）作为宇宙本体之体现。

先看第一种含义。“心”，《说文解字》释为：“人心，土臧也。在身之中，象形。博士说以为火臧。”[①]古人喜欢以五行比附五藏，如《五经异义》记载《今文尚书》以肝藏木、心藏火、脾藏土、肺藏金、肾藏水。而《古文尚书》则认为脾藏木、肺藏火、心藏土、肝藏金、肾藏水。此处所指之心，即为人之心脏。因而心之第一层含义就是指作为生理器官的心脏。心脏在人身当中的地位，是统帅身体其他器官的，如《黄帝内经·素问·灵兰秘典论》所言：“心者，君主之官也，神明出焉。”[②]心在此是脏腑等器官的统领，亦是人精神所发起之地。

第二，心一般也被认为是人意识发起的主体，主导人的思维、意识等活动，如《孟子·告子上》所言：“耳目之官不思而敝于物。物交物，则引之而已矣。心之官则思，思则得之，不思则不得也。”[③]耳目作为人的外在感觉器官，其功能是视与听，而不是思，因而蔽于物，不能做出区分，

---

① ［汉］许慎撰、［清］段玉裁注.说文解字注.上海古籍出版社，1988年第2版，第501页。

② 《黄帝内经素问补注释文》卷8，《道藏》第21册，文物出版社、上海书店、天津古籍出版社，1988年，第42页。

③ 焦循.孟子正义.诸子集成，第1册.北京：中华书局，1954年，第467页。

容易为感性现象所迷惑。而心的功能则是思考、分别，以便对于外在的物质现象做出准确的判断，从而有所得。在此当中，孟子认为人作为认识主体的根本就在于“心”，而外在世界即是“物”。关于心所具有这种认识和反映外在客体的作用，《黄帝内经·灵枢·本神》亦有论述：“所以任物者谓之心。心有所忆谓之意，意之所存谓之志，因志而存变谓之思，因思而远慕谓之虑，因虑而处物谓之智。”①此处所强调的主题即是“心”与“物”二者的相互反映关系。心之功能与作用，就在于它能认识和分辨物。心认识和分辨万物的过程，就是意、志、思、虑、智这五个渐进式的层次。所谓意即是指心对外物有所回忆和想念，从而形成初步模糊的印象。进而地，这些初步的印象被心所强化、决断并试图去解释，这谓之志。在这些决断和解释过程中，心不得不要面对各种偶然的变化，就需要进行思考，所以谓之为思。思因为还是停留于内心对于物之印象觉知，故而还需要从内向外、由近及远地分析、归纳、推理，因此称之为虑。通过这些分析、归纳、推理，心最后就找到了“处物”——全面、清晰地认识物——的方法，并形成了清晰的认识，这就是谓智。

孟子虽然确立了心所具有的这种主体认识功能，但是作为儒家的代表人物，孟子更强调的则是“心”作为道德修养根本的意蕴。因而，心的认识论意义被淡化，修养论的意义则被凸显，如《告子章句下》说：

> 天将降大任于斯人也，必先苦其心志，劳其筋骨，饿其体肤，空乏其身，行拂乱其所为，所以动心忍性，曾益其所不能。②

此处之心志、动心忍性，所强调的不再是心所具有的认识主体作用，而是讲人当通过磨练内心来应对人世的种种磨难，完善个人的道德意志和精神境界，以求成圣成王。此外，孟子还强调人之“四心”为道德之开

① 《新刊黄帝内经灵枢》第1册卷2，北京图书馆出版社，2005年。

② 焦循.孟子正义.诸子集成，第1册.北京：中华书局，1954年，第510页。

端、本始，如《公孙丑章句上》说：

> 恻隐之心，仁之端也；羞恶之心，义之端也；辞让之心，礼之端也；是非之心，智之端也。①

仁、义、礼、智为儒家所尊崇的四种重要美德，其发起与表现即为常人所具有的四种道德良心，即恻隐之心、羞恶之心、辞让之心、是非之心。这就是心所具有的第三种意义，即作为道德修养之主宰与根基。

儒家对于心所具有的道德本体意蕴的重视和强调，到了理学创立者二程这里，也得到了进一步强调。首先，他们认为“心”所能感知的即是“理”，如《河南程氏遗书》：“心所感通者，只是理也。”②此理既是宇宙根本之理，亦是人伦日常之理；其次，认为人心本善，先具天德：“心本善，发于思虑，则有善与不善。若既发，则可谓之情，不可谓之心。”③，“心具天德，心有不尽出，便是天德处未能尽，何缘知性知天？尽己心，则能尽人尽物，与天地参，赞化育”④。心先天本善，而且先天就具有天地之德，即仁义礼智信等。人如果能够尽己心，就能尽人事、了万物。心在此被赋予了崇高的地位，道德修养的伦理色彩更浓。

同样，庄子对于炼心所能达到的修养境界，也是多有论述，如在《人间世》中对“心斋”的强调：

> 回曰：敢问心斋。仲尼曰：若一志，无听之以耳而听之以心，无听之以心而听之以气！耳止于听，心止于符。气也者，虚而待物者也。唯道集虚。虚者，心斋也。⑤

---

① 焦循．孟子正义．诸子集成，第1册．北京：中华书局，1954年，第139页。
② 《河南程氏遗书》，《二程集》卷2下。
③ 《河南程氏遗书》，《二程集》卷18。
④ 《河南程氏遗书》，《二程集》卷5。
⑤ ［清］郭庆藩．庄子集释．诸子集成，第3册．北京：中华书局，1954年，第67–68页。

作为感官之耳，能听的只是外在感性世界，而心则能内听、内视。而心能够内听、内视，就在于心所具有“气”之本性，即“虚”。气周流宇宙，无空不入，自身同时也是能纳万物，所以气能“虚而待物”。心能“斋”，就在于心如气般能“虚”。

庄子在此谈“心斋”之道，一方面是为了应对人世间所具有的种种人道之患和阴阳之患，另一方面则是从追求“至人”“神人”“真人”的理想人格角度来阐述修炼之道，以求获得人生的解脱、自在。因而，从“心斋”的角度来看，个体要修炼得道，必须“虚己”，即自我要摒除一切外在、内在的杂事、杂念、欲望、情感等，做到无人、无我、无物，才能以至虚之身来求得与道合真。

庄子对于“心”之论述，侧重于与“道”相连，讲究的是心所具有的自然本体意蕴。而孟子则注重心对于道德修养所具有的决定作用，其服务对象则为世俗人伦。自然与人世可以说是道家和儒家二者立足点的不同，因而也决定了他们论述各自观点的侧重。

心的第四种含义，即是指心为宇宙之本体。这种观点即是为陆王心学所倡导，如陆九渊在《杂说》中所言：“四方上下曰宇，往古今来曰宙。宇宙便是吾心，吾心即是宇宙。”从陆九渊的论述来看，他是从空间、时间来定义宇宙的，宇为四方上下，宙为往古今来。宇宙之内，即是时空之内，而宇宙即吾心，吾心即宇宙。心在此就根本地等同于宇宙本身，万事万物不出我之一心，人的主观意识替代了万事万物的客观本性。这显然不同于理学以“理本论”为宇宙根本的观点，而是主张“心本论”，人的主体意识被无限夸大，人心也同样被赋予了无所不包、无所不能的能动性。

禅宗对于心性的重视，可以说对唐宋之后的儒家、道教影响甚大。禅宗有南宗、北宗之别，南宗慧能一系在缘起论上主张真如缘起，自性本有；在解脱方法上主张顿悟成佛，明心见性，不太重视条条框框的束缚，机锋林立，这与北宗神秀一系主张的渐悟修行多有不同；解脱论则主张佛性本有，生佛不二。南宗修行思想由于比较适合当时士大夫和普通百姓的现实和心理要求，也与传统的老庄哲学气质相近，因而逐渐取代了北宗成为禅宗的主流，并能流传下来，法脉不断。

作为禅宗南宗重要经典的《坛经》则集中体现了禅宗修行的主要思想。

首先，《坛经》主张佛性本有、生佛不二：

> 大师遂责慧能曰：汝是岭南人，又是獦獠，若为堪作佛？慧能答曰：人即有南北，佛性即无南北；獦獠身与和尚不同，佛性有何差别？①
>
> 故知不悟，即是佛是众生；一念若悟，即众生是佛。②

佛性与众生性的问题，对于修道者而言至为根本。众生之所以不能见性成佛，是因为妄念遮盖，自性不显，如《坛经》云：

> 世人性净，犹如青天，惠如日，智如月，知惠常明。于外著境，妄念浮云盖覆，自性不能明。③

此种人性“遮蔽说”多为唐宋道教教义所吸收，认为人人皆具道性，只不过众生因为后天的外境所染，从而将真心蒙蔽了。因此，慧能主张众生当以“去蔽”的方式除净心体之污垢，以求见得自心。此“去蔽”功夫强调的是修行之人要从自身入手，因而主张皈依自性三宝，如《坛经》说：

> 慧能劝善知识，归依（自性）三宝。佛者，觉也。法者，正也。僧者，净也。自心归依觉，邪迷不生，少欲知足，离财离色，名两足尊。自心归依正，念念无邪故，即无爱著，以无爱著，名离欲尊。自

① 郭朋.坛经校释.北京：中华书局，1983年，第8页。

② 同上，第58页。

③ 同上，第39–40页。

> 心归依净，一切尘劳妄念，虽在自性，自性不染着，名众中尊。[①]

皈依三宝是释道宗教仪式的重要组成部分，也是一个人成为出家人的重要标志和开端。就一般人所理解而言，皈依三宝就是皈依外在的三宝，而不是皈依自身之三宝。慧能在此则强调的是皈依自性三宝，要让修道之人从自身下功夫，强调的是自修、自悟，而不是流行于外在形式的拜佛、求法、敬僧。

禅宗所强调的佛性本有、生佛不二、明心见性、性净境染等思想，可以说启发了后世道教的心性之学，如唐宋元明等朝道教教义对心性思想的论述，其中尤以金元时期的全真道为最，其对禅宗思想的吸收尤为明显。

（2）道教论心、神

道教作为思想来源“杂而多端”的本土宗教，其对于儒释道三家思想的吸收可以说是极为明显的。在对于心的论述上，道教既吸收了传统思想的诸多理论，同时亦对这些理论进行了自己的宗教式阐释。

道教对于心的重视，可以说很大程度上是受到了唐五代禅宗的心性思想所影响。在早期的道经当中，也偶尔有对心之论述，如《太平经》论“天心”：

> 夫恶者，事逆天心，常伤人意；好反天道，不顺四时，令神祇所憎，人所不欲见父母之大害，君子所得愁苦也，最天下绝凋凶败之名字也。[②]

这里所谈之“天心”，即是天理、天道之别称。天作为中国传统思想当中具有根本规定性的范畴，在儒、释、道三家都有不同的话语表达。儒家之天为伦理道德之天，重“天理”；道家之天是自然之天，重“天道”；

---

① 郭朋.坛经校释.北京：中华书局，1983年，第46页。

② 王明编.太平经合校.北京：中华书局，1960年，第158页。

释家之天为心性之天，重“天性”。三者从个体存在的层面上而言，儒家重世，道家重身，释家重心。身、心、世三者基本构成了个人生活于世的主要内容，而儒、释、道三家分别对此多有侧重，因而它们成为了中华文化的主干和主要精神。

《太平经》对于天的强调，主要是基于人与天之间所具有的紧密联系。首先，人为天地之子：“人者，天地之子……天男者，乃天之精神也。女者，乃地之精神也。”[①]男女皆为天地所生，天地因此成为了人之父母。其次，人生天地间：“人生于天地之间……”[②]天地成为了人在世存在的空间限制，因而天地人三者才成为了传统文化所强调的“三才”。最后，人死亦归于天地：“夫人死，魂神以归天，骨肉以付地腐途，精神者可不思而致，尚可得而食之。骨肉者无复存也，付归于地。地者，人之真母。”[③]人死之后，魂神、骨肉必须依附于天地，无逃于天地。天父地母的观念说明了道教自身浓厚的自然主义思想，以人世的血缘关系来依附天地自然，从而为“天人同构”打下理论的预设。

对于心的理解，道教亦吸收了传统思想的诸多定义，比如上面我们谈到的生理器官、思维主体、道德本根和宇宙本体等。

作为生理器官之心，《太平经》论道：“心则五藏之王，神之根本，一身之至也。”[④]心为脏腑之王，亦是一身之主。

心首先是以生理器官之主而确定了其在人身之地位，进而延伸为思维之主体，如《太清境真一经》所述：

> 真一之气因道而生，受气而生，受气而成，而谓之命。自真一禀形，能全其性。性命之动，皆主乎心。心若有所思，则谓之意。意之运动，有所思虑，而谓之志。思虑以至成事，而无不固者，谓之智。

① 王明编.太平经合校.北京：中华书局，1960年，第33–34页。
② 同上，第53页。
③ 同上。
④ 同上，第687页。

智周万物谓之虑。动以营身谓之魂。静以镇身谓之魄。流行骨肉谓之血。保形养神集气谓之精。神和而悦，气清而快，谓之和。神集气而后有所营护，总括百骸，谓之身。众象备见谓之形。块然不动谓之质。形貌可则谓之体。小大有分谓之躯。众思不得谓之神。漠然变化谓之灵。气来入身谓之生，气去于形谓之死。所以通生谓之道。①

道生真一之气，气聚而成命。真一受形，就能成就人之性。人由性命而成，其动静皆主乎一心。心作为思维主体，其与外界作用的方式是递进式的：思、意、志、智、虑。心与外物相接，则有所思，由此而形成意，即初步的意识印象。这些初步的意识印象经过心灵的运作、加工，就成为志，即理性的范畴形态。以此理性的范畴来指导现实实践并解决问题，就称之为智。智遍万物，成为我们认识万物的指导原则，就叫作虑。

因为对心所具有此种思维主体的预设，所以古人就认为心为身之主、身之官、身之君，赋予了心以思维发起者和主宰者的地位，从而统帅身体的其他各部，如唐司马承祯在《坐忘论》中所言："夫心者，一身之主，百神之帅，静则生慧，动则成昏。"②

心在确立自身作为五藏之首、思维之主后，进而也成为了修道者自我道德修养和修道成仙的本根，心由此被赋予了无以伦比的重要性，如张继先在《三十代天师虚靖真君语录·心说》中说：

夫心者，万法之宗，九窍之主，生死之本，善恶之源，与天地而并生，为神明之主宰。或曰真君，以其帅长于一体也。或曰真常，以其寂然而不动也。……此所谓我之本心，而空劫以前之自己也。然则果何物哉？杳兮冥，恍兮惚，不可以智知，不可以识识，强名曰道，

---

① 《太上三十六部尊经》，《道藏》第1册，文物出版社、上海书店、天津古籍出版社，1988年，第601页。

② 《坐忘论》，《道藏》第22册，文物出版社、上海书店、天津古籍出版社，1988年，第892页。

强名曰神，强名曰心，如此而已。①

张继先在此特别指出了心之本根地位，此心非凡心，而是我之本心。此种“本心”“天心”或“真心”，一方面具有道德修养的意蕴，如上所言之“善恶之源”；另一方面更高地则是宇宙之根本，从而具有了存在论之味道，所以张继先才认为心“不可以智知，不可以识识，强名曰道，强名曰神，强名曰心”。

心作为道德修养之主体，亦为道门中人所强调，如《太上老君内观经》所言：“心者，火也，南方太阳之精，主火……祸福吉凶，悉由之矣。所以圣人立君臣，明赏罚，置官僚，制法度，正以教人。人以难伏，唯在于心，心若清净，则万祸不生。所以流浪生死，沉沦恶道，皆由心也。”②心之清净与否，直接决定了人是否会遭遇祸福吉凶、流浪生死、沉沦恶道。心在此暗含了两种矛盾的因素在里面，即心可以清可以浊。那是何种内驱力决定了心之清浊呢？就此段文字而言，常人心之清、浊是由圣人所确定尺度的，加以教化普通民众的，即圣人“立君臣，明赏罚，置官僚，制法度，正以教人”。而圣人之所以能够为普通人设立尺度，进行教化，根本就在于圣人，如王常月在《碧苑坛经》中云：

只在公私两字，圣人只是公平正大，为人不为己，凡夫只是偏邪私假，为己不为人。圣人只是清明沈静，凡夫便是浊暗浮躁。圣人只是内用刚以制身，外用柔以服人，凡夫便是内用柔以恕己，外用刚以责人。圣人常恐自己有非，凡夫惟责他人之过。圣人越任事处，常细心为，凡夫越担险事，粗心过大。圣人未曾有死，先明死后之机，凡

① 《三十代天师虚靖真君语录》，《道藏》第32册，文物出版社、上海书店、天津古籍出版社，1988年，第368页。

② 《太上老君内观经》，《道藏》第11册，文物出版社、上海书店、天津古籍出版社，1988年，第396页。

> 夫死后在目前，尚且只图生计。[①]

圣凡之间的区别，就在于圣人只有公心，而无私心，亦即上文所言的“心若清净”。圣人之所以能够做到无私心，就在于天地本身是无所偏私的，如《道德经》第7章所言“天长地久。天地所以能长且久者，以其不自生，故能长生。是以圣人后其身而身先，外其身而身存。非以其无私邪？故能成其私。”[②]因而，圣人就要效法天地，从天地长久的经验现象中悟出了此种“天道”，再将此尺度用于人世，为普通人立下标准，以匡正其私心。

进一步地，心在被赋予道德修养之本根地位后，就进而与道门人士的修道成仙活动产生了联系，心因而也成为了与“道”一样的宇宙本体，如《道法心传》说：

> 夫心者，一身之主，万法之根。其大无内，其小无外。大则包罗天地，小则隐在毫芒。修之则作佛成仙，纵之则披毛戴角。存之于内则为性，施之于外则为情。千变万化，无有定时。故圣人教之修心，即修道也。教之修道，即修心也。[③]

心作为生理器官、思维主体、道德本根，其含义经历了从物质向精神、由形下至形上的演变过程。而在此，心作为道之代名词，其所包含的特性则是与道极为相近，如“其大无内”“其小无外”“千变万化”等等。心能不断变化，存之于内则为性，施之于外则为情。心在此，其实正如张载所言，是“心统性情”。心之宇宙本根地位于此得到了显明，而心与道之间的关系，其实正如王阳明所言之“宇宙即吾心，吾心即宇宙”一样，

---

① ［清］王常月.碧苑坛经.藏外道书，第10册.成都：巴蜀书社，第190–191页。

② ［晋］王弼注.老子注.诸子集成，第3册.北京：中华书局，1954年，第4页。

③ 《道法心传》,《道藏》第32册，文物出版社、上海书店、天津古籍出版社，1988年，第420页。

人之心成为了修道之关键。

但是，道与心之间是如何得以同一的呢？二者发生关联是以何为中介呢？心即为人心，道而为天道。道心关系其实质乃是天人关系。而天人得以发生关系，能够发生关系，首先就在于“天人同构”，如《太平经》说：

> 天有三皇，地有三皇，人有三皇；天有五帝，地有五帝，人有五帝；天有三王，地有三王，人有三王；天有五霸，地有五霸，人有五霸。何谓也？天有三皇若三光，地有三皇若高下平，人有三皇若君臣民也，天有五帝若五星，地有五帝若五岳，人有五帝若五行五藏也。天有三王若三光，地有三王若高下平，人有三王若君臣民；天有五霸若五星，地有五霸若五岳，人有五霸若五行五藏也……①

按道教典籍上面的描述，天人之所以能够同构，就在于天地人所具有的一些数量上的相似性，进而将其联系起来进行比附。这种比附当然是源于日常的生活经验，而不是建立于严格的科学论证和逻辑推理，充其量只是一种同类类比的方法。

道与心之所以能够发生关联，其中一个重要原因还在于人心在认识事物和修道成仙过程中充当了思维主体和修行航标的作用，如《太清境真一经》说：“劝人修道，即以修心；教人修心，自可见道。道不可得见，因心以见；道不可得闻，因心以闻。夫闻见于道，皆因以心；心不可常，用道以守。若非以道守，随心闻见，则是入邪宗，永不解脱，永不闻法。”②在此当中，道因其无形、无色、无味、无声等原因而不能被感官所把捉、体悟，因此只能藉由人之心灵来充当认识工具，此种认识不是通过语言和逻辑的手段来实现，而是通过人内心的体悟、内证去体会、把玩。同时，道人的内心也时时为道所规定，心之起灭都是围绕道来展开，以防心思外

---

① 王明编.太平经合校.北京：中华书局，1960年，第234页。

②《太上三十六部尊经》，《道藏》第1册，文物出版社、上海书店、天津古籍出版社，1988年，第601-602页。

驰，落入邪道。所以道门中人在修道过程中，对于心所具有的种种变化和危险是有深刻认识的，他们认识到心由于易受情、欲、境、物等的影响而起伏不定、流浪生死，所以《太清境真一经》要求修道之人：

> 若更能虚心以遣其实，无心以遣其有，定心以令其不动，静心以令其不乱，正心以令其不邪，清心以令其不浊，净心以令其不秽……即于清静身心解悟诸心了。①

心之所以要解悟，就在于心之多变，而心能多变，就在于心不专注于道，而是背道而驰，故而才需要炼心。

心与道能够发生关联的最后一个原因还在于心能藏神。《黄帝内经·灵枢经·九针论》论心之功能时认为“心藏神”“主神志”②。因而，提出了“心者，神之舍也”的观点。心为神之藏身之所，故而心与神就有了紧密关联。而神往往亦被认为是道作用万物的一种表现形式与存在样式，如《太上老君内观经》说：

> 道者，有而无形，无而有情；变化不测，通神群生。在人之身则为神明，所谓心也。③

道因为其存在样式和作用万物的方式极为玄妙，所以只能以“神”的方式表现它的伟大，因而道降及人身即为神明，亦即人心。人心自身是变化莫测，无有定数的。在此点上就与“神”之特性极为相近，神作用万物和自身存在的样式亦是变化莫测，无所不能的。

---

① 《太上三十六部尊经》,《道藏》第1册，文物出版社、上海书店、天津古籍出版社，1988年，第602页。

② 《灵枢经·九针论第七十八》,《新刊黄帝内经灵枢》第3册卷12，北京图书馆出版社，2005年。

③ 《太上老君内观经》,《道藏》第11册，文物出版社、上海书店、天津古籍出版社，1988年，第397页。

而神与道的关系，按道经的说法，神是为道所生，如《太上老君虚无自然本起经》云：

> 神本从道生，道者清静，都无所有，乃变为神明，便见光明，便生心意，出诸智慧。智慧者，谓五欲六情。[①]

人之神明从道而生，而道本来是讲究清净无为的，后来由于心与外物、外境的接触而产生了各种观念、想法，所以便生心意，出诸智慧。这里的智慧，当然是从机巧方面而言的，是小智慧，而非大智慧，所以《本起经》才说“智慧者，五欲六情”。

而“神”之含义，在道经当中则主要有如下几种：（1）神明，如《老子道德经河上公章句》之“天地之间空虚，和气流行，故万物自生。人能除情欲，节滋味，清五藏，则神明居之也”[②]；（2）精力，如《河上公章句》之“多事害神，多言害身”[③]；（3）神，如《太平经》之“故古者上君以道服人，大得天心，其治若神，而不愁者，以真道服人”[④]；（4）神人，如《太平经》之“六人生各自有命，一为神人，二为真人，三为仙人，四为道人，五为圣人，六为贤人，此皆助天治也”[⑤]；（5）精神，如《太平经》说“精神消亡，身即死矣”[⑥]；（6）性，如《重阳立教十五论》之“性者神也。命者气也”[⑦]；（7）元神，如《还真集》云“性也者，先天一点至灵，人身中元神也”[⑧]。

---

① 《太上老君虚无自然本起经》,《道藏》第34册，文物出版社、上海书店、天津古籍出版社，1988年，第621页。

② 王卡点校.老子道德经河上公章句.北京：中华书局，1993年，第18页。

③ 王卡点校.老子道德经河上公章句.北京：中华书局，1993年，第19页。

④ 王明编.太平经合校.北京：中华书局，1960年，第32页。

⑤ 王明编.太平经合校.北京：中华书局，1960年，第289页。

⑥ 王明编.太平经合校.北京：中华书局，1960年，第286页。

⑦ 《重阳立教十五论》,《王重阳集》，济南：齐鲁书社，2005年，第278页。

⑧ 《还真集》,《道藏》第24册，文物出版社、上海书店、天津古籍出版社，1988年，第105页。

而“神”在道经当中最为常用的含义即是“元神”，按上面的解释，元神其实是“性”的代名词。因而，元神即是人之本性、精神、灵性。

（3）道教论性

对性的重视，道教应该是自隋唐内丹道教的兴起之后。加上隋唐五代禅宗对于心性的阐扬和儒家的影响，道教对于性的探讨开始成为内丹道家所关注的一个重要范畴，从而取代传统所重视的形、神范畴，进而代之以性、命这两个内丹道所倚重的名相来进行修道范畴体系的建构。性、命概念同时也与传统道教所重视的精、气、神三个重要概念进行互证、互释，从而使新兴的内丹道既保持了传统道教的合理因素，同时亦能开创出自身新的修道理论范畴。

性，《说文解字》释为：“性，人之易气性，善者也。”[①]段玉裁注曰：“《论语》曰：‘性相近也。’孟子曰：‘人性之善也，犹水之就下也。’董仲舒曰：‘性者，生之质也。’质朴之谓性。”[②]可见，性的本意是跟“气”联系在一起的，而气一方面可以是万物之根本，另一方面则是人之气质。性在此的解释被赋予了很多道德意味，即认为性“善者也”。性因而与善联系在一起，从而才有段注当中所引儒家代表著作、代表人物的种种言论，性在此被赋予了唯道德论的色彩。

道门对于性的理解，常常将其与气、神、道、情、心等范畴相关联。

性与气相关，这源于道门所重视的“气化万物”思想。此种思想主要源于黄老道家，如《老子道德经河上公章句》所言“元气生万物而不有”[③]。因而，道门认为人和万物莫不是从气所生，此元气其实就是道之物化。人由于是禀气而生，而气有清浊，所以人性就具有先天之差异，如《太上洞玄灵宝法烛经》说：

---

① ［汉］许慎撰、［清］段玉裁注.说文解字注.上海古籍出版社，1988年第2版，第502页。

② 同上。

③ 王卡点校.老子道德经河上公章句.北京：中华书局，1993年，第7页。

道言：人禀五脏，……又禀气之始，各有清浊刚柔。禀气清者，聪明圣达。气之柔者，则优和慈仁，质朴淳笃。气之刚者，则高严壮烈。气之浊者，则愚痴凶虐。各虽其所属所禀，以定情性。性者，命也。愚者恣之，以夭其命。知者深见，迮伏其性。①

气之清浊刚柔是先天就规定好了的，所以禀刚、柔、清、浊之气的人就各有各的本性，此本性即“命也”。这里的“命”，其实就是命定之意、本性之谓。因此，这里的性其实就是强调气质之性，人由于禀气不同，而各有差异之性。

除此，在道经当中，性常常与命相连，成为道教内丹学的重要范畴。性、命一般与传统道教所重视的神、气范畴互为解释，如《重阳真人授丹阳真人二十四诀》所云：

……

丹阳又问：何名见性命？

祖师答曰：性者是元神，命者是元气，名曰性命也。②

全真道作为内丹道教的代表，其所重的是修养内心的心性。因而，性命概念往往就成为了他们论述自身丹道体系的重要范畴。由此，他们得以区别于传统道教所重视的外丹修炼。同时，这也使得全真道具有了深厚的老庄色彩，使得道教走向了清修无为的老庄之途。由此，他们也与唐宋以后儒释重心性的传统得以融合。

将性理解为元神、神可以说是道经当中常见的含义，如《无能子》说“夫性者，神也；命者，气也”③。此性即是指人之精神，或者说按道教的说

① 《太上洞玄灵宝法烛经》,《道藏》第6册，文物出版社、上海书店、天津古籍出版社，1988年，第180页。

② 《王重阳集》，济南：齐鲁书社，2005年，第294页。

③ 《无能子》卷上，《道藏》第21册，文物出版社、上海书店、天津古籍出版社，1988年，第709页。

法，即为人之元神。何谓神或元神呢？《道法心传》认为：

> 夫神者，乃先天之元神，为太极之祖也。虚无自然，包含万象。视之不见，听之不闻，变化无方，去来无碍。清净则存，浊燥则亡。[①]

道教的神或元神，其实跟道是同义词。就其特性而言，一是太极之祖，谓其为万物之根；二是虚无自然，无所不包；三是远离感官之外，变化无常，来去自在。从这些特点可知，人的神或元神即是唐代道门经常讨论的“道性”。

道性一方面可以理解为“道之性”，另一方面则可以理解为“成道之可能性”。就“道之性”而言，指的是万事万物莫不禀有道之特性，所以唐代道士潘师正在《道门经法相承次序》中才强调“一切有形，皆含道性”[②]。在一切有形都含有道性的前提下，才有可能推出有形皆有“成道之可能性”。

就“一切有形，皆含道性”而言，其实质是为求道的个体许下了一种存在论的承诺，即每一个有形的人、物、鬼等世间的存在者，都是本有道性。此道性不分男女、贵贱、人物、人鬼，凡是世间有形的存在，都可以分有“道之性”。这根本上体现了道门人士对于人世平等意识的渴望，此种渴望源于当时现实生活的种种不公平。这些不公平可以体现在先天与后天的两个方面，先天方面比如人的智商、出身、美丑等，后天方面则体现于个体在世存在的贵贱、贫富、祸福等。可以说，道性思想体现了道门一种朴素的平等思想，此种平等思想的实质是一种平均思想。

就“成道之可能性”而言，“道之性”就像种子一样根植于有形之中。但是，因为每个人的资质、觉悟、意志各有不同，所以道性能否成长为参

---

① 《道法心传》，《道藏》第32册，文物出版社、上海书店、天津古籍出版社，1988年，第421页。

② ［唐］潘师正.道门经法相承次序．道藏，第24册.文物出版社、上海书店、天津古籍出版社，1988年，第786页。

天大树，就靠每个人的觉悟和努力了。因此，“成道”成为了一种“可能性”，亦即每个人虽然先天地本有道性，但是他们并不必然地都能得道。得道与否，这要取决于有形后天的努力和造化。

性与情的问题亦为道门所重视，如《云笈七籤·七部语要》所云性与情：“人之禀气，必有情性。性之所感者，情也。情之所安者，欲也。情出于性而情违性，欲由于情而欲害情。情之伤性，性之妨情，犹烟冰之与水火也。”①人有情性之别，就在于人是禀气而生的。如我们前所述，气有清浊刚柔等特性，所以每个人的性情也不太一样。而性为内，情为外。性触于外境，则为情。而情所依附的载体和具体表现，则是人之欲。情、性、欲三者共同构成了人之自我本身。这里的性因而就是人之本有真性，亦即人的自我最终的规定，人之我是求本然之我，而情、欲却是诱引人之性，如《云笈七籤·七部语要》说：

> 阴阳粹灵，胎化而成，乃成乃生，乃性乃情。所以性者阳也，情者阴也；性者静也，情者动也。性有愚智，情有利欲。性者，仁、义、礼、智、信也。情者，喜怒哀惧好恶欲也。②

人由于是阴阳二气所化，所以禀有情性。按道经此处的解释，性直接被等同于儒家的仁义礼智了，而情则是指人的六种常见情感。从此段文字所表达的立场看，道门是重性贬情的，认为性属阳、属静，情属阴、主动。性在此被直接当作人之道德本性，而情则被认为是人之利欲，对性有遮蔽作用。关于仁、义、礼、智、信为性的说法，应该说与儒家理学的思想是一致的，如张载就曾言“仁义礼智，人之道也，亦可谓性”。

而在性与心问题上，道门吸收了张载“心统性情”的说法。张载作为理学的先驱者，对于宋明理学的开创还是有很大影响的。张载认

---

① 《云笈七籤》卷90,《道藏》第22册，文物出版社、上海书店、天津古籍出版社，1988年，第624页。

② 同上，第625页。

为“心统性情者也”，心在此具有了统帅作用。而对于性与情，张载认为“有性则有情，发于性则见于情，发于情则见于色，以类而应也”，性与情二者是相生相成的，性其实相当于人认识的理性能力，而情则是人的感性欲求，二者同时为心所主导。这也与传统认为心为人思维主体的观点相一致。

道门典籍对于“心统性情”的观点也多有阐发，如张宇初在《岘泉集》中云：

> 夫天地之大，以太虚为体，而万物生生化化于两间而不息者，一阴一阳、动静往来而已矣。……盖心统性情，而理具于心，气囿于形，皆天命流行而赋焉。曰灵台、曰太极、曰中、曰一，皆心之本然也，是曰心为太极也。物物皆具是性焉。①

心之本然，即为本心。而本心之代名词则可以曰灵台、太极、中、一等类似的“家族语言”。而心、性、情三者最终却为天命所规定，皆是天命之流行而赋予，因而天地才是心、性、情的最高规定。

张宇初在此将天、地、太虚、万物、阴阳、动静、心、性、情、理、气、形等存在者标示出来，以期为它们的存在找到一个共同的本质，此本质在物上是以“性”来体现，而在人上则以“心”来展现。而理具于心，气囿于形，天命则以流行的方式来赋予心之本然。

对于“心统性情”，可有二解：（1）心统乎性情；（2）心统性情。就“心统乎性情”而言，张宇初在《岘泉集》论到：

> 人心统乎性情，本无不善，所谓天命之性也。其具仁、义、礼、智，不假为而能也，即继之者善也。盖天之命于物为性善，所固有其

① 《岘泉集》卷1，《道藏》第33册，文物出版社、上海书店、天津古籍出版社，1988年，第181页。

恶也，所谓气质之性也，即性相近也。由乃感于物，动于欲，蔽于习而然，是有上智下愚之分焉。[①]

此处的“人心统乎性情”其实就是指人的心灵是为性情所左右，当人心为性所统治时，它就是天命之性；当为情所统治时，它就是气质之性。人之本性先天就有仁义礼智等道德品质，所以不需要教化而能。而后天人世之所以有那么多恶，就在于人“感于物，动于欲，蔽于习”而形成的。由此，人就有了上智、下愚的种种差距。

就“心统性情”而言，心在此是具有主导地位的，心之体表现为性，心之用表现为情。性或情的发生，主导于心之动静。心静则为性，心动则为情。人的本性是好静的，而人同时却生活在物质的世界，人本身要依赖于物，所以人心与物（境）而动，进而有情、有欲、有知。因此，《玄珠录》才说：“心中本无知，对境始生知……将心对境，心境互起。”[②]人心执着于外境、外物，所以才会“有心”，如《水云集》所言：“凡人轮回生死不停，只为有心。得山云：心生则种种法生，心灭则种种法灭。若一念不生则脱生死。何为有心？盖缘众生有贪嗔痴三毒孽、无明心。”[③]人因为有种种贪求之心、嗔恨之心和痴迷之心，所以才会被外境所牵，才会有各种情欲知见。所以，心对于性情是具有决定作用的。

综上所述，道门论心、神、性，其实是三位一体的，三者都归属于道此一根本本体。而道之最为常见的含义，在道典当中多以“气”来释之。因此，在对人自我的规定上，在道门看来，人其实就是一“气”之聚散。而气所具有的本性，一是无处不在，充盈天地；二是无形无象，不为形役；三是能化万物，物得以生。

---

① 《岘泉集》卷1，《道藏》第33册，文物出版社、上海书店、天津古籍出版社，1988年，第196页。

② 《玄珠录》，《道藏》第23册，文物出版社、上海书店、天津古籍出版社，1988年，第622页。

③ 《水云集》，《道藏》第25册，文物出版社、上海书店、天津古籍出版社，1988年，第852页。

气所具有的这些特性也基本决定了道门对于人之自我的认识。人之最高规定，在道门看来，即是“神”或“精神”，如唐吴筠在《宗玄先生文集·心目论》论神：

> 人之所生者神，所托者形，方寸之中，实曰灵府。静则神生而形和，躁则神劳而形毙。深根宁极，可以修其性情哉。然动神者心，乱心者目，失真离本，莫甚于兹。①

人所赖以而生的是“神”，神藏于形，也规定形。神之舍为心，所以能动神的即是心。心能所动，就在于人有“目”，目的功能是看，所以外在的感官世界是乱心之根源所在。

就“精神”而言，道门对此亦多有强调，如《太平经》对精神的论述：

> 故天地之道，据精神自然而行。故凡事大小，皆有精神，巨者有巨精神，小者有小精神，各自保养精神，故能长存。精神减则老，精神亡则死，此自然之分也。安可强争乎？凡事安危，一在精神。故形体为家也，以气为舆马，精神为长吏，兴衰往来，主理也。若有形体而无精神，若有田宅城郭而无长吏也。②

此段文字表明了天、地、人（事）三才无不遵循精神自然而行。精神是人、事得以长存的基本前提，神规定了形，但同时形神亦是相互依存，并非绝然对立、水火不容。

神或精神作为道门人士所认可的人之自我本根，其实质即在于“心性”。因为按传统的观点，心是藏神的，并且“动神者心”，同时“性者，

① 《宗玄先生文集》，《道藏》第23册，文物出版社、上海书店、天津古籍出版社，1988年，第661页。

② 王明编.太平经合校.北京：中华书局，1960年，第699页。

神也”。所以，道教的自我观，即是为“心性”所规定。

那何谓“心性”呢？《析疑指迷论》云：

> 或问曰：何谓心性？答曰：夫心性之义，譬犹沤水，水本至清，有感沤起风浪，浑浊不能鉴理，风浪息时，水澄沤止。以此论之，水即是沤，沤即是水。由是言之，心即性用，性即心体，体用俱忘，全真而已。①

心、性之间的关系在此是以自然物象的方式来譬喻，即以沤水与水进行对比，认为沤水只是水存在的一种暂时现象，真正长存的则是水本身。此水本身为至清，水沤只是风浪一时之相，因此不会持久，而本体一无污染。由此而论，水即沤，沤即水，心为性用，心为性体。

传统道门对于心、性、神的规定，大致归纳起来，可以有如下特点：（1）喜用自然物象来比附；（2）设定心、性、神等都有一个本然状态，即所谓的本心（天心）、本性（道性）、元神（精神）等，其实是同一“语言家族”的相似范畴；（3）遮蔽论的人性观，即认为人之自我本然清净，如日月一样清明，而人之所以有恶，都是因为人的善性为外在的功名利禄权势等所遮蔽而已，但本性却纯洁无瑕、真诚无比，所以要做的就是炼己清心，去垢去污，回归本心；（4）心、性、神拒绝被逻辑所推理、分析、思考，从而拒绝被语言所说出，所以心、性、神难以被赋形或自我定形，因而只能诉之于个体的体悟、内证，在我与人、心与物、身与国之间缺乏足够的中介，而直接被个体化、私人化的直觉所任意建构因果关系和认知关系。

关于第一点，道门喜欢用自然物象来比附无形之心、性、神，如上面所引《析疑指迷论》用沤水和水来譬喻心性之间的关系。再如葛洪在《抱

---

① 《析疑指迷论》，《道藏》第4册，文物出版社、上海书店、天津古籍出版社，1988年，第948页。

朴子内篇校释》所用堤与水、烛与火来譬喻形、神的：

> 夫有因无而生焉，形须神而立焉。有者，无之宫也。形者，神之宅也。故譬之于堤，堤坏则水不留矣。方之于烛，烛糜而火不居矣。身劳则神散，气竭则命终。①

形神之关系，首先是相互依赖的关系，其次才是主次的关系。因而，葛洪以堤水、烛火来比附有无、形神的关系。之所以求之于现象界有形的物体来说明有无、形神，就是因为无、神等对于感官、逻辑、语言都是拒绝的，因为它们是无形、无象、无思、无语的。个体之我唯有通过自我之觉悟、体证、直觉等非理性的手段才可能真正把握住道之真谛。

第二，道门在个体自我理论框架的建构上，往往预先设定了心、性、神所具有的本然状态，即所谓的本心（天心）、本性（道性）、元神（精神）。如《三十代天师虚靖真君语录》中对于本心的规定："夫心者，万法之宗……或曰真君，以其帅长于一体也。或曰真常，以其寂然而不动也。……此所谓我之本心，而空劫以前之自已也。然则果何物哉？杳兮冥，恍兮惚，不可以智知，不可以识识，强名曰道，强名曰神，强名曰心，如此而已。"②此心被当作空劫前之自己，亦即未曾受到任何污染的所谓"本心"也，因而可以名之为道、神，它同时也是拒绝智知，拒绝识识。

而在本性问题上，道门亦是多有预设人性本善此一前提，如范怿在《重阳全真集·序》里所描绘的一幅人性堕落史：

> 上古之初，人有纯德，性若婴儿，不牧而自治，不化而自理，其居于于，自适自得，莫不康宁享寿，与道合其真也。降及后世，人性渐殊，道亡德丧，朴散纯离。情酒欲殺蠹于中，愁霜悲火魔于外，性

① 王明.抱朴子内篇校释（增订本）.北京：中华书局，1985年第2版，第110页。

② 《三十代天师虚靖真君语录》，《道藏》第32册，文物出版社、上海书店、天津古籍出版社，1988年，第368页。

> 随情动，情逐物移，散而不收，迷而弗返，天真尽耗，流浪死生，逐境随缘，万劫不复，可为长太息也。[①]

按此种观点来看，人性其实是一个不断堕落的历史，从最初的本然之性逐渐下降为邪恶之性。因此，道门强调修道之人所要做的就是“复性”，重新回归到上古之初人有纯德，性若婴儿的状态，以期达到不牧而自治，不化而自理的理想社会。

可以看出，道门对于社会现实罪恶的解决方式，是无限地后退，最终回到所谓的“上古之初”。因而，道门对于个体自我理想形象的设定，即是以“婴儿”“处子”“赤子”等人类童年时期的自然状态为依托。道教对于“婴儿”“处子”“赤子”喻像的推崇，首先是受到了老子的启发与影响，如《道德经》所使用的“婴儿”隐喻：

> 载营魄抱一，能无离乎？专气致柔，能婴儿乎？[②]
>
> 我独泊兮，其未兆，如婴儿之未孩……[③]
>
> 知其雄，守其雌，为天下溪。为天下溪，常德不离，复归于婴儿。[④]

道门为何喜欢用“婴儿”作为人之真我喻像呢？我们首先可以看下“婴儿”之基本特征：其一，婴儿是柔弱至极的，需要成人之极力爱护；其二，婴儿在传统道家道教看来是心思纯粹，无一丝杂念，未受后天污染的；其三，婴儿对于人世只是索取，而不需要承担任何责任，只知满足自身欲望，尽性地表达自我的意志；最后，婴儿也是对周围的成人世界充满依赖的，因而是无从反抗的。

---

① 《重阳全真集序》，《王重阳集》，济南：齐鲁书社，2005年，第1页。

② ［晋］王弼．老子注．诸子集成，第3册．北京：中华书局，1954年，第5页。

③ 同上，第11页。

④ 同上，第16页。

从“婴儿”的上述特点来看，道家道教看重的是“柔弱”“纯粹”这些特性，认为成人的世界之所以出现如此多的罪恶，就在于我们不能像婴儿那样回归到人类本性之初，而是受到外在物质世界和精神世界种种邪念之引诱和遮蔽，所以与善之本性渐行渐远。要克服这种自我品性的堕落，只能以“复性”的方式回归到人类的“婴儿”时期。

但是，面对成人的世界，作为对历史兴衰成败、人世风云际会有清醒认识的老子，却也有自身冷静、成熟的一面，知道成人之间不可能都如婴儿、赤子般纯洁无害，所以在教导人人如赤子般地保守内心之精神外，还不得不发展出一套套自保之术，以求在乱世当中苟全性命，这点在庄子的《人间世》里也得到了极为详尽地论述。

婴儿除了我们上面分析的两种主要特性外，还有就是不需要像成人一样承担世俗责任、顺从成人世界等特性。婴儿因为其不具备行为能力而不需要对他所生活的成人世界承担责任，他只知道向成人的世界进行索取，饥则食，渴则饮，完全按照自身意志来行动，而不需要考虑其他。这种自由感，可能也是道门潜意识所渴望的。就婴儿的依赖性而言，他是难以有自己的反抗性的，而只能顺从。表面上婴儿可以通过哭、闹等方式来表达对大人世界的不满、自身之意愿和要求，但是局面却总是在成人之掌控中。

所以，道家道教对于“婴儿”喻像的痴迷，有其深刻的生存论意蕴。我们知道，在封建时代，儒家作为正统的意识形态，其核心即是“父权制”。在家是父亲掌权，在国是天子掌权，而天子往往被当做万民之“父”。而天、王、父往往代表了阳刚之一面，因此也是居统治地位和主导之位。道家道教则试图在理论和修养过程中一反儒家此种预先设定的天地人伦之理，转而强调阴、弱、柔、婴来对抗儒家所推崇的阳、强、刚、人（孩）等理论预设。

道门对于阴、弱、柔、婴的强调，一方面有自保的艺术考量，另一方面则试图以此方式来对抗传统儒家所主导的“父权”制社会所导致的种种弊端。其拯救方式，即我们提到的“复性论”的内证修养之路。

此种“复性论”强调一个“返”字，即返回到我们人类最初所谓的

“本性”。此本性被一大堆相似的范畴所揭示，如天心、道心、真性、道性、元神等。天心、道心、真性、道性、元神无一例外地都具有如下特性：（1）先天地而生，存于万事万物之先；（2）无形无象，不可以感觉知，不可以思维致，不可以语言述；（3）能化生万物，而自身却不须生；（4）纯洁无私，纯粹至极，真诚无比。

人性自我的“乌托邦”理想在此不像其他一些理论形态所预设的那样，将其实现诉诸于未来，道门而是将其“乌托邦”求之于过去。社会的进步史被当作了人性的堕落史。而人之所以堕落，就在于人之真性被遮蔽了。被何遮蔽呢？被人的名、利、权、势、情、欲等各种欲望所遮蔽。因此，道门经常喜欢用矿与玉或金的关系来比喻自我真性（道心）与欲望（凡心）二者之间的关系，如《析疑指迷论》所云：

> 或问曰：出家修道，又言道本无修，其意何如？对曰：夫道本无修，心即有炼。夫道之在人，如金在矿。矿内有金，不炼而为石，石若炼去，即名为金。既已为金，不复为矿也。人中有道，不炼而为凡，凡心炼尽，即名为仙。既已为仙，不复为凡也。若已为金，不须锻炼，既成仙道，复何为修哉？①

道与人的关系，在此被当做金与矿的关系。凡心是沉迷于日常感官刺激，为外物所累，因而对于自我是缺乏反省和探究的。而人要想回心向道，就得炼尽自己之凡心，如炼矿取金一样。

为何是金与矿，而不是皮与毛呢？我们知道，“皮之不存毛将安附焉”？金、矿之比喻其实道出了道门自我论的一种危险所在，即人当祛除一己之私，尤其是内心之种种念头，从肉体与心灵上都要进行锤炼。这点就如王阳明所经常强调的“诛心中贼”一样，时刻与内心和肉体上的各种

---

① 《析疑指迷论》，《道藏》第4册，文物出版社、上海书店、天津古籍出版社，1988年，第949页。

私欲进行斗争。

但是，道门此种对于“纯粹”的渴望，往往导致的是一部分精英们的个体理想被强加给普通大众，由此而导致整个社会的集体病态，即人人在主流意识形态的强制下参与所谓的精神崇高运动，而忽视了人作为凡人所具有的种种现实生存欲望，个体的生存意志受到集体意识的强迫而不能得到自由声张，但个体的生存愿望并未由此而消失，反而被压抑。

个体生存的复杂性决定了人性的多元性和依赖性。因此，道门要求个体自我以追求“纯阳无阴”的元神思想来要求信众，本身就对人性的复杂缺乏足够的谅解和宽容。同时，亦对每个个体的独特性缺乏足够的尊重和了解，而试图以一种未经反思和批判的普适性来要求个体的自我，这本身亦是欠缺足够的理论反省和实践可能。

在心、性、神与物、命、形之间，道门亦未能解决自身定形与赋形的能力问题。我们知道，心、性、神自身如何赋形于物、命、形这个问题是未得到足够阐述和显现的，无形作用于有形的中介问题往往亦被道门以“神”“化”等方式所隐遁和神话，而未就具体的赋形过程作语言和逻辑的规定，从而导向了神秘主义的倾向。

在自身定形问题上，心、性、神亦未解决自身推动力的问题，即何者决定了自身所具有的赋形能力和自证自身为造物者？如果为了避免无限后退的逻辑非难——即道（心、气、性、神）生万物，何者生道？——那么，道自身就必须是自生自化的。但此自生生它的尺度是什么？亦即标准是何？这其实涉及到一个“确定性”的问题，即道如何被确定以及道如何去确定万物。我们知道，道要被确定，可以通过几种方式：一是通过逻辑的思辨，在理性中显现其尺度；二是通过语言的表述，得以形成文字；三是通过感官的把握，形成具象而为人所觉知。

但是，从《道德经》当中，我们知道，道根本而言是拒绝逻辑、语言和感官的。因而，其确定性的问题只能为体悟、内证所解决。然而体悟、内证往往带有私人性、直觉性，因此就可能有不确定性。此种不确定性在道物关系、道人关系和道心关系中就表现为：（1）道不是物，却可以为物，如庄子说的道无处不在，道往往容易降格为物之层次；（2）道不是人，但道不远人，所以修道与做人密不可分，容易被降格为简单的伦理性修行；（3）道不是心，但道亦是心，所以道门强调修道即修心，修心即修道。

道门对心、性、神的确证建基于体悟和内证上，而体悟和内证往往落实在人之一心。由于人与人之间的差异，所以道门就预设了“人有此心，心同此理”这一前提。在这个前提下，认为存在一个超越个体差异和万物差异的共相，由此共相出发，试图为道门中人提供修道、悟道的理论依据和奋斗目标。

我们知道，为了达到真心、本性、元神，道门十分强调个体自我当反省每个人的妄心、恶性。但是，却从未看到道门对于自己的真心、本性、元神有过反思、怀疑。也就是说，道门喜欢反思自身人性的“虚伪”，却并不反思自身内心之“真诚”。

此种“真诚”“无私”“纯粹”的自明性从何而来呢？从对道、天地、婴儿的效法中来。如我们前面所述，道门认定了大道、天地、婴儿等喻像都具备了真诚、无私、纯粹等特性，进而通过圣人将这些“道理”体悟出来，再以不言之教的方式来感化老百姓。

但是，这些“真诚”“无私”“纯粹”却是以牺牲个体生存的意志和自由为前提的，即修道个体当放下自我的欲望、冲动、反抗、自由、情感、意志等生存性的需求，而缺乏一种张扬的个体生命力，转而走向依附性、顺从性和消极性，未能看到个体生存论的突围。

第三章　自我认同论

所谓自我认同，即是指每个个体生存于世时，都有自己所认可的一些基本理论、基本价值和基本生活期望，这些理论、价值和期望往往也成为每个个体得以标明自我身份和认同的重要特征。道教作为一种宗教信仰，本身亦具有此类基本的理论、价值和生活期望。归纳起来，道门人士在以下问题上都具备了基本的认同，即存在论认同、世界观认同和惩罚论认同。

第一节　自我的存在论认同

常人要出家修道，首要之前提即是相信世间有“道”之存在。道以何种方式显现和获得就成为了道门论证的核心理论问题。此种论证之目的，是为了给每个修道者找到自我安身立命的心灵勇气和精神依托，也是修道者实现自我价值和自我认同的根基。而对“道”的理解，决定了不同时期、不同流派所具有的不同修道方式。

一、老庄“道”论流变之概述：由世及人，由人及物（气）

我们知道，道教的思想来源杂而多端。先秦的儒、墨、名、法、道、兵、医、阴阳诸家对于道教修道理论和信仰实践的建立起到了重要作用，而先秦道家思想则可说是道教建立自身修道理论的核心理论来源。由老庄所创立的道家学说，为道教提供了关键的理论框架和主要哲学范畴，如

《老子》所述之道德、有无、阴阳、动静、损益、长生久视等，《庄子》所论之逍遥、齐物、心斋、坐忘、是非、物我、情性、至人、神人、圣人、真人等，无不为道教建立自身信仰提供了理论与现实之依托。

《老子》一书对于“道”并无专门的概念界定，更多的是对“道”的描述。究其原因，即在于道自身是拒绝语言、拒绝思维以及道自身存在的悖论性。

对语言的拒绝，如《道德经》第1章所言：“道可道，非常道。名可名，非常名。”[①]言说和命名是我们日常界定概念和表达对象确定性的一种手段，而道在老子看来，是根本不可言说、不可命名的。

因为道是不可言说、不可命名的，所以我们只能以体悟的方式来接近大道，而非常人的理智思辨，如《道德经》第15章说：“古之善为道者，微妙玄通，深不可识。夫唯不可识，故强为之容：豫兮若冬涉川，犹兮若畏四邻，俨兮其若客，涣兮其若冰之将释，敦兮其若朴，旷兮其若谷，混兮其若浊。”[②]老子借古人之口，将体道过程中微妙的情感体验、心理变化以及精神愉悦描绘出来，由于大道之深不可识，故而只能勉强为我们描述各种情状，如豫、犹、俨、涣、敦、旷、混等。

道之所以不能言说、命名、思辨，根本即在于道自身存在的悖论性，如《道德经》第14章说：“视之不见名曰夷，听之不闻名曰希，搏之不得名曰微。此三者，不可致诘，故混而为一。”[③]道可以说是存在于常人视觉、听觉和触觉之外，但同时又似乎存在于此三者之中，所以不可以常人之思维去诘难，只能体悟。

总体而论，老子的“道”论思想，其偏重从描述性的语言来阐述道对于宇宙、人世和万物的生成性和决定性，由天及人，强调大道对于治世之重要，因而其“道”论具有很强的理身自救、治国安民倾向，达于治世，长于自处。

---

① ［晋］王弼.老子注.北京：中华书局，1954年，第1页。

② 同上，第8页。

③ 同上，第7页。

就理身而言，如《道德经》第10章所述：“载营魄抱一，能无离乎？专气致柔，能婴儿乎？涤除玄鉴，能无疵乎？”[①]所谈之意，即是强调修身之人所应采取和达到的修炼方法、修炼境地。

就治国而论，如《道德经》第57章所言：“以正治国，以奇用兵，以无事取天下。吾何以知其然哉？以此。天下多忌讳，而民弥贫。民多利器，国家滋昏。人多伎巧，奇物滋起。法令滋彰，盗贼多有。故圣人云：‘我无为而民自化，我好静而民自正，我无事而民自富，我无欲而民自朴。’”[②]此处则强调老子的治国之术，即是以无为为主，反对儒家那套仁义礼智信的人为之术，强行为世间之人划分等级秩序，扰乱常人之本性，故而世间纷争不断，人不复淳朴。

对于个体自处于世之道，《老子》也是多有论及，如第22章所言：“曲则全，枉则直，洼则盈，敝则新，少则多，多则惑，是以圣人抱一为天下式。不自见，故明。不自是，故彰。不自伐，故有功。不自矜，故长。”[③]由于老子所处的时代战乱纷纷，每个个体要想存活于乱世，就不得不对现实的残酷性保有深刻认识。因此，老子作为史官，能从现实和历史的经验当中，发现世间存在的二元矛盾，以此来给世人提供一条保命全身之道。

与《老子》重理国治身之道稍微不同，《庄子》一书则更侧重于讨论个体如何逍遥于世的问题。《庄子》内七篇，按其篇目所排，首以《逍遥游》为开篇，次随《齐物论》《养生主》《人间世》《德充符》《大宗师》，最后以《应帝王》作尾。从篇目的先后秩序来看，庄子是首重“游”，为达此游，必须学会“齐”“养”“德”。此外，个人要自保于世，还必须认识人世间种种错综复杂的关系。

通观《庄子》内七篇，对于“道”也并无明确的概念界定，而是通过各类寓言来表述庄子对于人世价值混乱、寻求个人解脱的立场和方法。与《老子》以理显道的方式不同，《庄子》更注重以事明道，即以各类诡谲怪

① ［晋］王弼.老子注.北京：中华书局，1954年，第5页。

② 同上，第34–35页。

③ 同上，第12页。

异、奇思妙想的寓言和人物来阐述个人寻求“逍遥”的方法。其思想主旨即是讲究无事而逍遥、无用而避害、无心而坐忘，其通达此途的方式即是外、坐、游、忘、化，最终希冀达到与万物相忘、相化之境地，从而物我不分、物我相忘，以克服人对于物、人对于人所采取的工具理性态度。

概而言之，《老子》之“道”侧重于宏观、整体的角度来论述道之特性、显要和决定性，其擅长的是从理论角度来论述道之重要；而《庄子》之“道”则偏向于以寓言当中各种不同的人与物来阐明道对于个人逍遥解脱的主宰性，其所看重的是每个人所具有的独特性和自由本性。因而，其道论侧重于个人解脱、自在。

二、道教道论之流变：由气而丹，由丹而心

1. 道者，气也

前人对于道教与道家思想之流变关系，多数认为是一种蜕变的过程，如元人徐琰在《广宁通玄太古真人郝宗师道行碑》里所述：“道家者流，其源出于若（应为老）庄，后之人失其本旨，派而为方术，为符箓，为烧炼，为章醮，派愈分而迷愈远，其来久矣。”[①]按其观点，老庄之道当是以清静无为立身，而道教则将老庄之道变为方术、符箓、烧炼、斋醮之术，太多有为功夫，偏离了老庄之本意，因而道教之修行迷失了根本。此种观点，元人王恽在其《秋涧集》当中亦有同感：“后世所谓道家者流，盖古隐逸清洁之士矣。岩居而涧饮，草衣而木食，节欲以清心，修己而应物，不为轩裳所羁，不为荣利所怵，自放于方之外，其高情远韵，凌烟而薄云月，诚有不可企及者。自汉以降，处士素隐，方士诞夸，飞升炼化之术，祭醮禳禁之科，皆属之道家……徇末以遗其本，凌迟至于宣和极矣。弊极则变，于是全真之教兴焉。渊静以修己，和易而道行，翕然从之，实繁有徒。”[②]

---

① ［元］李道谦.甘水仙源录，卷2.《道藏》第19册，文物出版社、上海书店、天津古籍出版社，第740页。

② 陈垣.道家金石略.北京：文物出版社，1988年，第693页。

王恽以上所批判的，即是认为道家之道随着时代的流变，被方士、道士所本末倒置，清静无为之道相对而言隐而不显，斋醮科仪、飞升炼化之术则横行无碍，面对此种弊端之极致，才会有金元之际全真道的兴起，重新返回老庄的清修无为之道。

其实，道教对于老庄之道的理论吸收和实修操作，可以说不同时期、不同流派具有不同的特色，并不能简单地从单一方面来否定道教此种思想历史的发展进程。在道教的草创时期，由于其民间性，巫鬼之道比较盛行。此一时期的修仙方式，多偏重于斋醮、符箓等交通鬼神的道术。在对道的理论认识上，专注于以气解道，这点反映于道教早期的经典《太平经》和《老子想尔注》中。

《太平经》一书主旨是主张精神修炼，从而获得长生久视之道。由于受老子宇宙生存论以及汉代元气论思想的影响，《太平经》一书特别强调元气对于生化万物的重要，如卷73至85所言："元气恍惚自然，共凝成一，名为天也；分而生阴而成地，名为二也；因为上天下地，阴阳相合施生人，名为三。三统共生，长养凡物名为财，财共生欲，欲共生邪……"①这明显是受到了《老子》"道生一，一生二，二生三，三生万物"思想的影响。同时对于道的解释，也受到了汉代流行的"元气说"影响，认为元气为天地万物和人存在之根本，他们的存在都依赖于元气之生化氤氲，如《太平经》卷42说："凡事人神者，皆受之于天气，天气者受之于元气。神者乘气而行，故人有气则神，有神则有气，神去则气绝，气亡则神去。"②

那元气何来呢？亦即元气与道是何种关系？我们知道，道家和道教都承认道是宇宙世间的主宰和来源，天地万物与人都是道之所生、所化。因此，《太平经》所谈到的元气生万物，其实亦然涉及到了道和元气之间的关系，这种关系，其实就是认为元气为道所化，道亦即元气，如《太平经》卷37所言："一者，数之始也；一者，生之道也；一者，元气所起也；

① 王明.太平经合校.北京：中华书局，1960年，第305页。

② 同上，第96页。

一者，天之纲纪也。故使守思一，从上更下也。夫万物凡事过于大，末不反本者，殊迷不解，故更反本也。”①

此处所谓之“一”，其实就是“道”的代名词，而所谓“反本”之“本”，即是道，亦是一。所以，《太平经》谈到“一者，元气所起也”，论述了元气是自道而出，为道所生。

道气这种紧密关系在《老子想尔注》中得到了进一步申述，“道气”连用的现象在其行文当中经常出现，如《老子想尔注》云：“道气在间，清微不见，含血之类，莫不钦仰。”②、“道炁常上下，经营天地内外，所以不见，清微故也。”③道在此以气化流行的方式来显示其功用，由于它自身存在的微妙玄深，所以常人无法通过日常的感知来把握，但世间含血之类，无不因道气之功而得养育。

道气连用的情况在随后道教的修道理论当中多有强调，如《清和真人北游语录》所谈人与道气的关系：

> 人初禀道气以生，亦必随道气之盛衰。当其天地始判，道气精纯，所生之人性如赤子，皆服其气，而寿数岂止于万。道气渐离，地产灵芝，当时人皆食之，犹得千岁。及乎道气已散，而生百谷，人择其精者食之，美滋味而嗜欲生焉，寿不满百，不亦宜乎。④

按尹志平的观点来看，道气最初是精纯无比，世人亦是纯如赤子，随着道气渐行渐远，人世已开始衰败，寿命从长变短，最终变得寿不过百，坠入凡胎。

从道与气到道气连用，以气解道的结果即是“道者，气也”，如《云

---

① 王明.太平经合校.北京：中华书局，1960年，第60页。

② 饶宗颐.老子想尔注校笺.选堂丛书，之二.香港：苏记书庄，1956年，第9页。

③ 同上，第18页。

④ 《清和真人北游语录》卷2，《道藏》第33册，文物出版社、上海书店、天津古籍出版社，1988年，第732页。

笈七籤》中云：

> 夫道者何所谓焉？道即元气也。①
>
> 诀曰：精者，气也。气者，道也。②

将道理解为气，如我们前之所述，即是由于道气二者在特性上有诸多相似之处。同时，也与道教理解人之自我构成有诸多联系，道教将精、气、神三者作为人体构成的重要物性要素和神性要素，气作为连接精、神的中介和桥梁，起到了关键作用。

由于道与气这种相关系和对等性，早期道教的修炼因此特别重视服气、胎息、守一等术，其理论基础即是建立在“道即气”这一信念之上。

2. 道者，丹也

随着魏晋南北朝道教人士的清整和改造，汉末之鬼神道教逐渐演变为士人所信奉的神仙道教。其在修炼方式上，也走向了更为宽广的领域。我们知道，五斗米道和太平道在创立之初，比较重视的是符箓、斋醮等术，通过标榜长生久视、度厄首过、祈禳消灾、收鬼伏精等手段来笼络信徒。

由于汉末民间道教本身所具有草根性和破坏性，到了魏晋南北朝之际，经过葛洪、寇谦之、陶弘景对道教内部的整顿，其修道方式和教义教规才得以摆脱早期民间道教的诸种不符合主流社会规制的特征。对早期天师道、太平道所尊崇的各类修仙方式，葛洪就深有批判，而在《金丹》篇中推崇金丹之道：

> 长生之道，不在祭祀事鬼神也，不在道引与屈伸也，升仙之要，

---

① 《云笈七籤》卷56，《道藏》第22册，文物出版社、上海书店、天津古籍出版社，1988年，第386页。

② 《云笈七籤》卷60，《道藏》第22册，文物出版社、上海书店、天津古籍出版社，1988年，第425页。

在神丹也。[①]

葛洪作为东晋时期道教著名的理论家，他对于道教神仙理论的建立和金丹道的大力推崇起到了关键作用。

在葛洪的时代，各种道教修炼方术盛行，比如服食、房中、导引、吐纳、符水、胎息等不一而足，但葛洪对这些方术小道不以为然，认为只有金丹之道才是修道之最高法门，如《极言》篇说：

> 或问曰：世有服食药物，行气导引，不免死者，何也？抱朴子答曰：不得金丹，但服草木之药及修小术者，可以延年迟死耳，不得仙也。[②]

金丹大药在葛洪看来才是修仙之至宝，其他服食、行气、导引之术，充其量只是延年益寿之小道，而非长生久视之大药，所以葛洪主张修道当以炼丹为主，其他方术皆是辅助之功，而非主导之用。与此相类似的观点，也可在《黄帝九鼎神丹经诀》卷1当中看到："凡欲长生而不得神丹金液，徒自苦耳。虽呼吸导引、吐故纳新及服草木之药可得延年，不免于死也。服神丹令人神仙度世，与天地相毕，与日月同光……"[③]金丹大药在此被当时的修道者极力神话、渲染，而与早期太平道、五斗米道所盛行的各类方术相区别。

外丹道认为通过烧炼外在世界的某些特殊物质，经由鼎炉、火候、药材三者之间的适当配合，加以宗教性的要素，就可以炼制出金丹。人通过服食金丹大药，就能够达到长生不死。其原理，即如葛洪在《抱朴子内篇》中所论述的"夫金丹之为物，烧之愈久，变化愈妙。黄金入火，百炼

---

① 王明.抱朴子内篇校释（增订本）.北京：中华书局，1985年，第77页。

② 同上，第243页。

③《黄帝九鼎神丹经诀》卷1，《道藏》第18册，文物出版社、上海书店、天津古籍出版社，1988年，第795页。

不消，埋之，毕天不朽。服此二物，炼人身体，故能令人不老不死”[①]，黄金本身由于具有百炼不朽之特性，所以道门希冀通过比附黄金此种特性来炼制金丹，然后内服而达致不老不死。

道门中人之所以相信通过服食金丹而能得道成仙，其深层次因素即在于他们相信经过千锤百炼后的金丹具有了神奇的药效，亦即道之灵性被赋予到了金丹本身之中，如《还丹众仙论》说：

> 元始天尊曰：杳杳冥冥清静道，昏昏默默太虚宗。体性湛然无所住，色身都寂一真空。又曰：混沌未分之时，内含真一。真一既分，清炁为天，浊炁为地，真一之炁，上下往来，呼吸不住。炁中生精，天精气者日月星也，地精气者铅与汞也。铅是月魄，汞是日魂。[②]

铅汞作为道士炼就大丹的重要药物，被道门人士认为是日月之精华，而日月之精化则是禀之真一所化，真一在此则是“道”之别名。道以气化之方式显现为清、浊二炁，真一之炁通过运化天地而生天地之精气日月星与铅汞等。

道与丹神秘关系的建立即在于此，即通过先天之炁来运化外丹之药材，药材由于秉持了道之特性而显得与众不同。因此，道门当中往往就有“道即金丹”的言论，如《太上洞玄灵宝无量度人上品妙经注》所引《老君化胡经》说：

> 道者，元炁虚无，天地从之而生万物，资之而形，皆祖炁之妙化。在道则曰金丹，故曰上无复祖，唯道为身也。[③]

① 王明.抱朴子内篇校释（增订本）.北京：中华书局，1985年，第71页。

② 《还丹众仙论》，《道藏》第4册，文物出版社、上海书店、天津古籍出版社，1988年，第334页。

③ 《太上洞玄灵宝无量度人上品妙经注》，《道藏》第2册，文物出版社、上海书店、天津古籍出版社，1988年，第410页。

道由气而丹，由外丹而内丹，其间所贯彻的主旨即在于道不断地被物化和具体化，道与物之间具有不离不弃、不一亦一的关系，它们之间不是绝然对立、不可逾越的，而是水乳交融、形影相随。

“道即丹”的观点在隋唐内丹道教兴起之后亦是一再被强调。内丹道借用外丹道的一整套术语和理论体系来构建道教新的修道话语，他们以人体为鼎炉、以精气神为药材，希望通过一整套复杂的内在修持在人体内来实现金丹的炼就，从而得道成仙，长生久视。在修道话语上，内丹道一般分为命功、性功等部分，因而往往有先命后性和先性后命的理论和实修差别。命功一般注重炼化精、气来达致形体之完善，以此为基础再进行性功之修炼，从而达致形神俱妙；而性功则首重炼心养性，希冀求得精神之解脱，对于形体之修炼，认为神就则形至，炼心养性为内丹道之第一法门。

金丹南宗在命功修持上，非常重视铅汞、水火、三关这些外丹道原来所注重的药材、水火、鼎器等要素，由外丹而致内丹，其理论核心亦是对“道即丹”的认同，如宋陈楠在《翠虚篇·丹基归一论》中所言：“一阴一阳之谓道，道即金丹也，金丹即是（道）也。”[①]

3.道者，心也

道教发展到隋唐之后，修道风尚开始有所改变。隋唐之前，道教主要的修仙方术有斋醮、符箓、服食、存思、导引、房中、外丹黄白术等，其中有内养，亦有外炼，但主要还是以外丹之道为主流。其修炼主旨还停留在外在世界，其所需药材还是人体之外的各类物质。到隋唐之后，内丹道开始兴盛，注重从人体自身来挖掘长生久视之道，希冀以人体为丹炉、以精气神为药材配合水火刀圭之功来实现体内结丹，从而克服外丹术所具有的各类危险性。

这样一种修仙方式的转变，意味着道教从原来侧重的“即身成仙”模式转向了“即心成仙”。早期的服食、存思、导引、房中、外丹之术，其

① 《翠虚篇》，《道藏》第24册，文物出版社、上海书店、天津古籍出版社，1988年，第207页。

首要目标是求得肉体飞升，形体不朽。但随着魏晋玄学、唐初重玄学以及禅学、禅宗的兴起，道教的修道理论开始有了根本变革，开始意识到肉体之易朽性，转而追求精神的不朽，性命问题开始成为道教理论谈论之主题。

道教思想之核心问题，即是人的死亡问题。对于死亡问题理解的不同，决定了不同时期道教修仙风尚的旨趣。早期道教对于不死往往理解为形体之不朽，侧重肉体之长存和飞升，因而偏向于“固形”之术，如《玄宗直指万法同归》卷3中对于执迷形体不死之术的批判：

> 或问：世之不明理者，但欲固形不死，苟学不至此，则何如？答云：此一问，如雪裹莲花，古今稀有。世间学道者，只学全形聚气，宝养皮囊，期望长生，不明生死事大……老君有曰“吾有大患者，为吾有身”，又曰“圣人外身而身存”，则此身必竟为患，惟道可以独存，古人为道不为身也。①

道教此种固形之术，可以说自内丹道教兴起之后逐渐受到批判。内丹道所重视的是性命之道，而性命之道的理论核心即在于炼心。

对于心之重要，隋唐之后的道教学者十分重视，如唐代司马承祯《坐忘论》所言：

> 夫心者，一身之主，百神之帅，静则生慧，动则成昏……心居至道之中，能不舍彼乎？安不得此乎？所以学道之初，要须安坐，收心离境，住无所有。②

---

① 《玄宗直指万法同归》卷3，《道藏》第23册，文物出版社、上海书店、天津古籍出版社，1988年，第927页。

② 《坐忘论》，《道藏》第22册，文物出版社、上海书店、天津古籍出版社，1988年，第892–893页。

心由于其能静能动的二元性，所以需要锤炼。修道者若不炼心，很难一窥入道之门。所以，修道往往被等同于修心，修心亦被等同于修道，如《太清境真一经》所言：

> 劝人修道，即以修心；教人修心，自可见道。道不可得见，因心以见；道不可得闻，因心以闻。夫闻见于道，皆因以心；心不可常，用道以守。若非以道守，随心闻见，则是入邪宗，永不解脱，永不闻法。①

因此，道也是心，心亦是道，二者密不可分，一而二,二而一。

道教的心性理论，可以说在南北朝末至隋唐慢慢开始兴盛，至宋、金、元时期，修心则成为了道教的主流修仙方式，而与儒、释之道相互参详。

第二节　自我的世界观认同

世界观是个体及其所属共同体看待其生活世界的总体看法和观点，在具体内容上，世界观主要包含了每个个体和所属共同体对于世界的来源、群体构成、存在性质以及理想的世界等要素。个体由于其生存的环境和所接受的文化不同，而形成了自己和所属共同体不同的世界观。

道教在自己的理论发展过程中，亦对世界的由来（生成）等问题进行了自己独特的思考，这些思考背后，蕴含了道教的独特理论。

一、世界的来源：道生气化

对于世界的来源和形成，其实是所有宗教和哲学必须回答的问题。道

---

①《太上三十六部尊经》,《道藏》第1册，文物出版社、上海书店、天津古籍出版社，1988年，第601–602页。

教的宇宙生成论框架主要是由《老子》一书所奠定，即“道生一,一生二，二生三,三生万物”的生成论模式。

如我们前面所言，道往往被当作元气来解释，因而道门认为在天地未生之前，宇宙只是混沌一气，由一气逐渐演化出世间所有，如《无能子》卷上说：

> 天地未分，混沌一炁。一炁充盈，分为二仪。有清浊焉，有轻重焉。轻清者上，为阳为天；重浊者下，为阴为地矣。……天地既位，阴阳炁交，于是裸虫、鳞虫、毛虫、甲虫生焉。人者，裸虫也，与夫鳞毛羽虫俱焉，同生天地，交炁而已，无所异也也。①

元气化生世间万物这类观点，是道门中人所持的基本宇宙生成观，如《云笈七籤》卷56“诸家气法”所言：“元气本一，化生有万。万须德一，乃遂生成。万若失一，立归死地，故一不可失也。一谓太一，太一分而为天地，天地谓二仪，二仪分而立三才，三才谓人也，故曰才成人备。人分四时，四时分五行，五行分六律，六律分七政，七政分八风，八风分九气。从一至九，阳之数也。从二至八，阴之数也。九九八十一，阳九太终之极数，八八六十四，阴六太终之极数也。一含五气，是为同包。一化万物，是谓异类也。既分而为三为万，然不可暂离一气。”②

那么，元气的诞生过程又是如何的呢？《云笈七籤》卷56“诸家气法”之《元气论》说：

> 混沌之先，太无空焉。混沌之始，太和寄焉。寂兮寥兮，无适无莫。三一合元，六一合气，都无形象。窈窈冥冥，是为太易。元气未

---

①《无能子》卷上,《道藏》第21册，文物出版社、上海书店、天津古籍出版社，1988年，第708页。

②《云笈七籤》卷56,《道藏》第22册，文物出版社、上海书店、天津古籍出版社，1988年，第383页。

形，渐谓太初。元气始萌，次谓太始。形气始端，又谓太素。形气有质，复谓太极。质变有气，气未分形，结胚象卵，气圆形备，谓之太一。元气先清，升上为天。元气后浊，降下为地。太无，虚空之道已生焉。道既无生，自然之本，不可名宣。乃知自然者，道之父母，气之根本也。夫自然本一，大道本一，元气本一。一者，真正至元纯阳一气。①

从上可知，以混沌为界，元气的诞生经历了太无、太和、太易、太初、太始、太素、太极、太一等阶段。在混沌之先，太无空空入也，大道已存。在混沌之始，则渐有太和、太易、太初、太始、太素、太极、太一，以至元气有形有质，最终由元气渐而分化，运化世间一切。

二、世界中的存在者：天、地、人、鬼、神（仙）

如前面我们所言，道门一般认为大道以气化的方式孕育世间万有。在这些世间万有之中，最为根本的存在者主要有天、地、人、神（仙）、鬼。

天地人一般统称三才。天地的产生，如我们上面所述，是由混沌一气所化。天地二者在早期道教那里具有“天父地母”的尊荣，如《太平经》所言：

天者，乃父也；地者，乃母也；父与母俱人也，何异乎？天亦天也，地亦天也，父与母但以阴阳男女别耳，其好恶者同等也。天者养人命，地者养人形。②

因而，人在宇宙中的位置，道教一般认为是“人生天地间”，在天地之间，人最为尊贵，如《太平经》说：“今人居天地之间，从天地开辟以

① 《云笈七籤》卷56，《道藏》第22册，文物出版社、上海书店、天津古籍出版社，1988年，第382页。

② 王明.太平经合校.北京：中华书局，1960年，第115页。

来，人人各一生，不得再生也。自有名字为人。人者，乃中和凡物之长也，而尊且贵，与天地相似；今一死，乃终古穷天毕地，不得复见自名为人也，不复起行也。”①人生在世，只有一生一死，因其中和阴阳之气，而为凡物之长也。

人与天地的关系，在道教看来，人是象天符地的，如《太平经》云：“人者，乃象天地，四时五行六合八方相随，而壹兴壹衰，无有解已也。故当预备之，救吉凶之源，安不忘危，存不忘亡，理不忘乱，则可长久矣。”②天人由于具有此种同构性，所以道门认为天地和人是同气相连，一病则病。对此，《太平经》论到：

> 天地病之，故使人亦病之，人无病，即天无病也；人半病之，即天半病之，人悉大小有病，即天悉病之矣。③

因而，人之生亦是禀天地之气而生，其孕育过程同样是充满了与天地的交运、长养，如《无上秘要》说：“夫天地交运，二象合真，阴阳降炁，上应于九天。流丹九转，结气为精，精化成神，神变成人。故人象天地，炁法自然。自然之炁，皆是九天之精，化为人身，含胎育养，九月炁盈，九天气普，十月乃生。其结胎受化，有吉有凶，有寿有夭，有短有长，皆禀宿根。”④

人有生必有死，所以在古人看来，“人死曰鬼”⑤，《说文》释之“鬼，人所归为鬼”⑥。归于何处呢？《礼记正义》卷47云“众生必死，死必归土，

---

① 王明.太平经合校.北京：中华书局，1960年，第340页。

② 同上，第294页。

③ 同上，第355页。

④ 《无上秘要》卷5，《道藏》第25册，文物出版社、上海书店、天津古籍出版社，1988年，第12页。

⑤ 《礼记正义》卷46，《十三经注疏》下册，北京：中华书局，1980年，第360页。

⑥ ［汉］许慎.说文解字.北京：中华书局，1963年，第188页下。

此之谓鬼”[①]。

鬼为何物呢？在道教看来，人是阴阳和合而成，人死之后，就变成了纯阴之体，即为鬼，如杜光庭为《太上洞渊神咒经》所作之序中说到：

> 道君曰：夫一阴一阳，化育万物，禀五行为之用。而五行互有相胜，万物各有盛衰，代谢推迁，间不容息，是以生生不停，气气相续，亿劫以来，未始暂辍。得以生者，合于纯阳，升天为仙。得其死者，沦于至阴，在地为鬼。鬼物之中，自有优劣、强弱、刚柔、善恶，与世人无异也。[②]

阴阳二气为世间万物造化之主，得纯阳之气者为仙，得纯阴之气者为鬼，阴阳和合者为人。人之所以死，就在于阴长阳消，以至纯阴，死而为鬼。

鬼作为纯阴之物，在道门看来其对道士的入山合药、存思、隐居等都是充满威胁的，因而道门中就有许多驱鬼之术，譬如画符、念咒、度亡等仪式。

道门认为，人为了避免死后为鬼，就必须以得道成仙来对抗此种自然宿命。仙，按《说文解字》的解释为“仙，长生仙去也”[③]，可知仙之本意是指长生不死之人。

三、世界的性质：上古人心淳朴，下世人心狡诈

道教所认为的世界发展，是一个不断衰败的过程。他们把乌托邦的理想置之于过去，认为相比于当世，过去曾经存在着一个美好的“上古之世”，那时人心淳朴，恪守真道，人人自得其乐，如《太上洞玄灵宝业报因缘经》卷5所描绘的“上古之世”：

---

① 《礼记正义》卷47，《十三经注疏》下册，北京：中华书局，1980年，第367页。

② 《太上洞渊神咒经》“序”，《道藏》第6册，文物出版社、上海书店、天津古籍出版社，1988年，第1页。

③ ［汉］许慎.说文解字.北京：中华书局，1963年，第167页下。

> 上古之人淳朴，怀道抱德，不贪不欲，各足于身。但用至诚，即能得道；不须布施，自合天心。下世世浇，人民狡诈，惟求财宝，不识因缘，贱命重财，破国亡家，内怀万恶，外结凶狂，相继灭亡，未曾自悟。①

道教此种复古论调，都认为上古都曾存在此种“田园牧歌”式的乌托邦社会。因而，在人性问题上，也都主张一种“复性论”的人性观。他们认为人性是因为远离了原始之“真性”而走向衰败、狡诈。人要恢复此种本来真性，就不得不通过修道来达致，从而回到与道合真的人性本源。

而要达致上古之世，就必须希望圣人来治。此种圣人不同于儒家所言之圣人，儒家之圣，是以人伦道德为依归，而人伦道德在道家道教看来，却是暗含了太多“人为”之机巧，充满智诈，强行将人与自然、人与人进行等级划分，从而导致世间纷乱，如《太平经》说：

> 古者三皇上圣人胜人，乃以至道与德治人；胜人者，不以严畏智诈也；夫以严畏智诈刑罚胜人者，是正乃寇盗贼也……是故上古有道德之君，不用严畏智诈治民也；中古设象，而不敢用也；下古小用严畏智诈刑罚治民，而小乱也。夫下愚之将，霸道大兴，以威严与刑罚畏其士众，故吏民数反也。是故以道治者，清白而生也；以德治者，进退两度也；故下古之人进退难治，多智诈也。天以道治，故其形清，三光白；地以德治，故忍辱；人以合治，故进退多便，其辞变易无常故也。②

道教所认为的圣人之治，强调的是道治平等，德治亲和，而不是儒家所崇奉的“外儒内法”之道，表面讲仁义礼智信这套温情脉脉的东西，内

① 《太上洞玄灵宝业报因缘经》卷5，《道藏》第6册，文物出版社、上海书店、天津古籍出版社，1988年，第106页。

② 王明.太平经合校.北京：中华书局，1960年，第143–144页。

里则是严刑厉法，以威治人，实则让老百姓噤若寒蝉，不敢动弹。

道教强调盛世与衰世的目的，是为了警示当世所处之乱世，为乱世指明一条社会改造的目标和归宿，此种归宿即是道门所渴望的“太平世”。

四、理想的世界：道治之世

道家关于理想世界的看法，在《道德经》第80章有精彩描述：

> 小国寡民，使有什伯之器而不用；使民重死而不远徙；虽有舟舆，无所乘之；虽有甲兵，无所陈之。使人复结绳而用之。至治之极甘其食，美其服，安其居，乐其俗。邻国相望，鸡犬之声相闻，民至老死不相往来。[①]

这样一种理想的生活世界，其主旨即在于君民无欲、无技、有道。我们知道，老子所处的时代战乱纷纷，各家救世学说也是争相竞起。不同于儒家所追求的“尧舜之世”以仁义道德来匡扶时弊，道家更希望回溯到比儒家仁义礼智信等“人为之德”更为本源的“无为之德”，此种治理世界的方式比儒家之治更为符合每个人的天性，不是强行划分人与人之间的鸿沟，依靠国家暴力机器来树立权威，使得君民无所适从、机心四起，而应如《素履子》所描述的“道治”之世：

> 上古圣人履之（指道），无言无教。无心于物，物来归之。不教于民，民皆仰之。此则履纯朴皇道也。画卦之主、尝草之君皆履之而化成……此圣人以王道设教，使老有所终，壮有所用，幼有所长，鳏寡独孤废疾者皆有所养。男有分，女有归，此以道治世之化也。[②]

---

① ［晋］王弼注.老子注.诸子集成，第3册.北京：中华书局，1954年，第46–47页。

② 《素履子》卷上，《道藏》第21册，文物出版社、上海书店、天津古籍出版社，1988年，第701页。

老庄以道治世的思想可以说影响了道教对于理想世界的预设，如我们上节所述，道门认为世界是一个不断衰败的发展历程，最好的世界是最初的世界，而当下之世，则是乱世。面对此等乱世，道门希冀通过回归上古之世来作为理想目标，在实现目标的手段上，主要有理论批判型、暴力革命型、立观度人型。

先秦的道家，主要是立足于理论批判的角度来看待当时的乱世，而世之所以乱，就在于儒墨等家各执是非，使得统治者和老百姓无所适从，人欲四起，争相竞争，所以老子在《道德经》第57章提出了自己的治国之道：

> 以正治国，以奇用兵，以无事取天下。吾何以知其然哉？以此：天下多忌讳，而民弥贫；民多利器，国家滋昏；人多伎巧，奇物滋起；法令滋彰，盗贼多有。故圣人云：我无为而民自化，我好静而民自正，我无事而民自富，我无欲而民自朴。[①]

老子的救世理论，究其本质，主要是主张统治者或政府尽量少干预民众的日常生活，讲究无为而治、清心寡欲，从统治者个人修身下手，由治身而治国，统治者自身做好了榜样，老百姓自然会效仿、归顺。

如果说老子还是注重入世和救世的，强调自我对于这个世界的责任和热情。那么到了庄子这里，此种治国救世的理论构想则极为淡薄，庄子则更偏重于出世，主张“虚己以游世”，所以不同于老子所构建的“小国寡民”式的乌托邦社会，庄子追求的是“逍遥游”这样一种个人解脱的身心之境，大讲在乱世当中当知无用之用、逍遥自在，如在《逍遥游》中所述：

> 慧子谓庄子曰：吾有大树，人谓之樗。其大本臃肿，而不中绳

① ［晋］王弼注.老子注.诸子集成，第3册.北京：中华书局，1954年，第34–35页。

> 墨。其小枝卷曲，而不中规矩。立之涂，匠者不顾。今子之言，大而无用，众所同去也。
>
> 庄子曰：子独不见狸狌乎？卑身而伏，以候敖者。东西跳梁，不辟高下。中于机辟，死于罔罟。今夫斄牛，其大若垂天之云，此能为大矣，而不能执鼠。今子有大树，患其无用，何不树之于无何有之乡，广莫之野，彷徨乎无为其侧，逍遥乎寝卧其下。不夭斤斧，物无害者，无所可用，安所困苦哉！①

可以看出，就精神解脱而言，庄子更偏向于出世而游，与老子大谈治国之道相去较远，更多的则是重视自我的身心解脱。为什么呢？根本而言，从我们前面分析庄子思想当中自我所遭遇的内外冲突可知，庄子对于规劝当时的统治者施行仁政、德治是不报任何希望的，可以说对于儒家到处游说诸侯实施自身的一套价值观念深表怀疑和批判。究其本源，在于庄子对于人性阴暗一面的深刻认识，如《人间世》当中所描绘的武断专权、残忍无比、刚愎自用及沽名钓誉的统治者。此种对于人性的清醒和谨慎，注定使得庄子不会在理论和实践当中实施道家的救世思想，庄子连理论探讨的兴趣都没有，更何况要他以行动来反抗当时的现实世界，这是根本不可能的问题。所以庄子思想当中对于人如何逃避“阴阳之患”以及“人道之患”做了详细的描述，此外还有其他的自保之术也是比比皆是。

在道教早期的发展当中，道教徒还是有很强的救世情怀，积极参与当时的社会变革活动，试图以宗教的力量来取得政权，从而改变当时惨无人道的社会混乱。如早期的太平道，就是在道教的名义之下体现出来强烈的救世情怀，参与当时的武装反抗，试图为建立一个太平世界而斗争，在其基础上发展而来的汉末黄巾大起义，可以说是道教救世行动的直接体现。

---

① ［清］郭庆藩.庄子集释.诸子集成，第3册.北京：中华书局，1954年，第20–21页。

道教发展到魏晋南北朝，虽然也有断断续续的宗教起义，如陈瑞、李特的起义，各地李弘的起义以及孙恩、卢循的起义。但是，道教最后的发展趋势却是不得不以远离政治斗争为前提。因而，到了南北朝时期，道教则被改造与充实，原来带有民间色彩的鬼神之教被寇谦之、陆修静注入了许多儒家意识形态和正统神仙道教的东西，其中积极参与社会变革的革命思想被淡化、消解，清修自守、忠君尽孝等思想被加强，道教越来越被当时的士族理想所改造，民间色彩逐渐消退，民间道教当中对于社会正义的渴求和为实现社会正义而允诺的“救世主”“太平盛世”等理论也逐渐淡化、消失，进而追求宣扬因果报应、修道成仙、清修自守等神仙道教思想，从而安抚道教徒的造反形态，以得道成仙的诺言来取代民间道教原来不断参与社会变革所追求的“太平盛世”这样一种政治理想，由重社会变革转向变革道徒个人，加重了道教当中宗教的内容，清理掉了其中政治哲学方面的思想，由此而能使道教教义成为封建社会统治的辅助手段，从而避免其走向当时统治者的对立面。

道教发展到了隋唐时期，迎来了自己发展的重大契机，此种发展得益于统治者的崇道以及社会的安定、繁荣，因而此时的道教教义基本上是以追求个人得道成仙、祈禳消灾、护国保民等思想为主，对于国事基本不谈，这些内容我们可以从道教戒律的戒条当中窥测一二，这些内容我们第三节将要讨论，在此就不详述了。

不过，在唐末五代这样特定的历史时刻，一些道教徒还是十分关心社会现状的，不过此种对社会现实的关心则不再像汉末和魏晋时期的道教那样，散播谶语，制造宗教救世预言，以暴力行动发动道众参与社会变革活动，积极救世，而是只在理论上探讨、分析社会的无道，以及提出相关的理论上的救世思想，这方面的思想主要以谭峭的《化书》为代表。在《化书·食化》里，谭峭首先对当时的社会不公正提出了严厉批评：

> 王取其丝，吏取其纶；王取其纶，吏取其綍。取之不已，至于欺罔；欺罔不已，至于鞭挞；鞭挞不已，至于盗窃；盗窃不已，至于杀

害；杀害不已，至于刑戮。欺罔非民爱而裒敛者教之；杀害非民愿而鞭挞者训之。[①]

此种对于社会现实不公正的批判我们在老庄的文字当中是多有看见，在早期道教的文献当中也可以看到，比如《太平经》。道教原来所具有的救世热情首先是建立在对不公正的社会现实进行批判之上的，如果说老子、庄子那时还停留在理论上的批判上外，那么到了汉末太平道、五斗米道则将道教的救世思想直接付诸于行动，以起义的方式来反抗当时的社会不公。后来经过南北朝的改造和充实，道教行动上的救世热情被消解，取而代之的则是追求个人解脱，由治国转向治身。

到了谭峭这个时代，中国社会又是遭逢乱世，相似的社会现状迫使当时的道教人士也不能对社会现状无动于衷，道教人士所具有的悲悯情怀迫使他们也像老庄一样去思考当时的社会现象。面对当时此起彼伏的农民起义，在谭峭看来，一方面是由于封建统治者的残酷压榨；另一方面则是封建仁义道德本身具有极大的欺骗性和虚伪性，如《化书·道化·大化》中说：

是以大人以道德游泳之，以仁义渔猎之，以刑礼笼罩之，盖保其国家而护其富贵也。故道德有所不实，仁义有所不至，刑礼有所不足。[②]

因而面对这样的社会现实和价值世界，其直接后果就是如《化书·道化》里说的“教民为奸诈，使民为淫邪，化民为悖逆，驱民为盗贼”[③]，民心正如老庄时代所强调的，人多巧诈，不复古朴。

除了对社会种种不公和不实的现象进行深刻披露和评判外，在《化

---

① ［五代］谭峭.化书.北京：中华书局，1996年，第53页。
② 同上，第9页。
③ 同上，第9–10页。

书》当中，谭峭还从社会生活的最基本因素出发，阐明了物质生活在人类日常生活当中的重要地位，“民事之急，无甚于食”，“一日不食则惫，二日不食则病，三日不食则死”[①]，一日三餐是普通老百姓的基本生活要求，但是在当时的社会现实中，如《食化·七夺》所言，却是“王者夺其一，卿士夺其一，兵吏夺其一，战伐夺其一，工艺夺其一，商贾夺其一，道释夺其一”[②]，谭峭能从社会财富分配的角度来论述当时的社会现状，其认识是比较深刻和切中时弊的。

面对这样的社会现实，谭峭认为应该通过“均食”的办法来解决，他在《食化·鸱鸢》中说：“苟王者能均其衣，能让其食，则黔黎相悦，仁之至也；父子相爱，义之至也；饥饱相让，礼之至也；进退相得，智之至也；许诺相从，信之至也。”[③]最后，要达到这样的理想社会，谭峭认为只有通过“节俭”的方式。在《俭化·太平》中，他谈到：“让欲救之，莫过乎俭。俭者，均食之道也。食均则仁义生，仁义生则礼乐序，礼乐序则民不怨，民不怨则神不怒，太平之业也。”[④]可以看出，谭峭的思想跟古代广大起义者的“均贫富”思想特别相近，带有浓厚的美好愿望，其俭约的思想则跟老子的“尚俭”有直接的联系，将其从个人修身养性扩展到了治国平天下的外王事业，这也从一个侧面反映了谭峭作为一个宗教徒所具有的悲悯精神。

经过唐末和五代十国的曲折发展之后，道教发展到了宋代，由于国家的再次统一以及统治者的崇道，得到了复兴和发展，尤其到了宋徽宗时，道教更是受宠万分。此一时期的道教发展主要表现在“三山”符箓逐渐走向混一、内丹之术渐次兴起，道教人士关注更多的则是个人修身之术，对于皇权政治较少过问，道教在此时的发展基本上是作为封建统治的辅助手段，一方面为统治者寻求长生不死之方，祈禳国富民强；另一方面则为自

---

① ［五代］谭峭．化书．北京：中华书局，1996年，第51页。

② 同上。

③ 同上，第59页。

④ 同上，第61页。

身寻求保全之道，修身养性，不再像乱世时期的老庄、谭峭那么热衷开出救世药方，而是附和作为统治阶级意识形态的儒家价值，积极参与世俗生活，为信众祈福禳灾、劝善世人，医世思想更为明显。

到了金元之际的全真道，从其教义思想而言，王重阳、马钰、谭处端、刘处玄都还是比较重出世，个人清修居多，入世热情不是很重。同样是面对乱世，他们明显已不同于老庄和谭峭这些前辈，在早期全真道祖师的诗文当中，基本看不到他们对于丑恶现实以及统治者惨无人道行为的批判，更不用说像老庄和谭峭那样为社会发展提出自己的理论构想，他们更注重的是个人生命的圆满和完善，对于人世基本是不报任何希望，在他们看来，一切皆虚幻，所以不谈论如何救世，只关注个人修身，早脱轮回。在对待儒家价值上，不像老庄和谭峭他们那样疯狂批评和揭露其虚伪，而是肯定世法对于人心之历练，强调常人还是当尽孝，如金源璹在《终南山神仙重阳真人全真教祖碑》中说：

> 真人劝人诵《般若心经》《道德》《清静经》及《孝经》，云可修证。①

王重阳以上所说之教诲，当是对当时的“三州五会”的信众而说，对于这些民间的修道爱好者而言，一方面他们不可能离家而修，但同时对于脱离人世苦海、追求极乐世界又有兴趣，因而王重阳只能规劝他们作为世人当尽孝、作为求道者当清虚。

而对于出家之人，则强调世间一切的无常、空假、虚幻，当离家入道，抛妻别子，看淡世间伦常，如王重阳在《重阳全真集·逍遥歌》论道：

> 简声频，简声快，休妻别子断恩爱。往昔亲情总休怪，害风不把

---

① ［元］李道谦. 甘水仙源录. 道藏，第19册. 文物出版社、上海书店、天津古籍出版社，第725页。

三光昧。酆都鬼使已回头，黑府除名无追对。口能言，心能行，蓬莱稳路是长生。[①]

此外，如马钰在《渐悟集》中亦有此类言论：

学道休妻别子，气财酒色捐除。攀缘爱念永教无。绝尽忧愁思虑。不得无明暂起，逍遥物外闲居。常清常净是功夫。相称全真门户。[②]

在对待出世与入世上，早期全真道可以说是两套标准、两种行为，这也反映了全真教义当中的矛盾之处，在追求个人得脱轮回时，又不忘与世俗统治阶层搞好关系，此是其一。此外，其中更为重要的还在于人是在世存在的，即使遁入山林，也终得返回尘世，这其中最根本的在于人身的物质性，人对物质的依赖性，虽然道教原来的辟谷之术是人类对于摆脱物质需求的一种尝试，但是对于大多数道人而言，人还是有基本物质需求的，人不可能脱离群体的生活，人是被世界所规定的，人不能离世而存。

全真道到了丘处机掌教时期，讲究立观度人，重视教团的发展和制度化建设，广泛吸纳流民、战俘和前朝遗民加入全真道的队伍，壮大了教团的规模。同时与元朝统治者关系良好，为自身的发展取得了政治保障和物质基础。丘处机掌教时期积极参与现实的救世活动之中，使得很多流民、战俘幸免于难，此种行动显然不太同于早期民间道教的救世行为，带有鲜明的宗教悯世情怀，避免了宗教发展与皇权政治之间的冲突，从强调修身开始，进而济世度人，放弃原来民间道教所惯用的暴力革命手段，走向了立观度人这样一种宗教救世的道路。

---

① ［金］王重阳.王重阳集.济南：齐鲁书社，2005年，第133页。

② ［金］马钰.马钰集.济南：齐鲁书社，2005年，第173页。

第三节　自我的惩罚论认同

自我是一个复杂体，它包含了情、欲、道三种复杂要素，为了制约和驯服自我当中欲、情这些与道相悖的要素，避免凡人与道人因情、欲而发生违法犯纪、败道坏德、损功破行之事，就必须有各种内在、外在的惩罚系统来维持道门风气和道派的管理。

由于宗教不同于世俗社会的管理，封建世俗社会其管理所追求的目标是社会的长治久安，关注的是整个社会在礼与法的双重控制下维系统治者的政权。道教由于其修道追求是寻求个体生命的长存不死，为达致这最高的身心解脱目的，修道之人除了要遵守“世法”之外，更多地则要遵守“出世之法”，即道教出于自身信仰而制订的各种禁忌、清规、劝文、戒律等，以为道众的修行提供惩罚和保护之据。无一例外地，这些戒律都含有惩罚的意味，其目的是为了约束和保护道众的身心安宁，使其免于世法的惩罚和破坏出世之法，从而为自我实现奠定制度基础和保障。

一、制度性的惩罚：道教戒律

道教的戒律类型，大致可以分为戒经、律文、科文、清规、功过格、善书六种。戒经如《立功益筭经》《虚皇天尊十戒文》《赤松子中诫经》等；律文有《道士夺筭律》《玄都律》《女青鬼律》等，属于正一道系统；科文如《四极明科经》《九真明科》《明真科》等，适用于道教全体；清规如《全真清规》《碧玉真宫大戒规》《全真法脉清规全旨》，模仿禅宗而成，只适用于全真道士；功过格如《太微仙君功过格》《十戒功过格》《警世功过格》等；劝善书如《太上洞玄灵宝太玄普慈劝世经》《太上感应篇》《文昌帝君阴骘文》等。①

① 丁培仁.道教戒律书考要.宗教学研究.2006年第2期，第5–6页。

“戒”在《说文解字》里释为：“警也，从廾持戈，以戒不虞。”[①]可见戒在此有警告、警醒之意，其目的是为了戒不虞，是对未发之事做的提前预警。而“律”《说文解字》则解释为：“律，均布也。”[②]段玉裁《说文解字注》释为：“律者，所以范天下之不一而归于一，故曰均布也。”“均布”是古代调节音律的工具，把律解释为均布，说明律有规范人们行为的作用，是普遍的、人人遵守的规范。律在此则表明其目的是为了整个社会人的行为必须走向齐一，共同遵守社会所认可的行为规范，唯有如此才能协调群体的生活，不至于出现矛盾冲突，因而律具有与法一样的目的和意义，带有强制性、惩罚性。而在佛教、道教当中，对戒与律的解释则不同于世俗生活的一般规范，虽然二者也有相互交叉的地方。

戒，梵文为sila，汉译为尸罗，本义为贯行，转为行为、习惯、性格等义，有善戒（善律仪）和恶戒（恶律仪）之分，即应为与不为之分。现在所言的“戒”一般是指善律仪而言，乃佛为出家或在家者所制订的行为规范，有防非止恶之效，所以戒又被称为律仪（samvara）和学处。戒条的总体又被称作婆罗提木叉，意为别解脱，其内容包括止恶和扬善，即所谓的“止持”和“作持”。丁福保《佛学大辞典》将戒释为：“梵名曰尸罗（sila），戒者，防禁身心之过者。《大乘义章》一曰：‘言尸罗者，此名清凉，亦名为戒。三业炎火，焚烧行人。事等如烧，戒能防息，故名清凉。清凉之名，正翻彼也。以能防禁，故名为戒。”[③]主要从禁止这一角度来看待戒的。

律，梵文为vinaya，直译为毘尼、鼻那耶、毘尼等，意译为律，道宣认为“律”为正解。其梵文前缀vi-的意思为“不同”或“区分”，意即离行、调伏、善治等。《宗教百科全书》（*The Encylelopedia of Religion*）直接将其译为“discipline”，即“纪律”“修行”“教规”等意，并认为

① ［汉］许慎.说文解字.北京：中华书局，1963年，第59页。

② 同上，第43页。

③ 丁福保.佛学大辞典.北京：文物出版社，1984年，第553页。

其是“戒”的“基本原则”（the basic principles of sila）①。除此而外，英文“discipline”还有“惩罚”之意，这可能更贴近律的本义。

在佛教当中，戒与律之间的关系是什么呢？道宣在《四分律含注戒本疏》中谈到：

> 律者，教也，能生行解。以大圣设教，具列行途，五众依资，奉持圆德，故名戒也②。

可以看出，律主要是“教”，有外在教化、制约的意思，即他律，而戒则强调五众的奉持，即自戒之意。此外，从精神实质上而言，律是佛陀为出家众人而制订，偏重外在的强制，违反就要受罚；从内容而言，“戒”与“律”则是整体与部分的关系，戒为律所诠③。在原始佛教典籍当中，“戒”“律”是不太相同的，各有自己的内涵。如则安所言：“律由戒生，故戒为律本。”④强调的是戒作为行持对象而使得僧侣内心升起自我约束、自我警戒的内在意识。王建光在其《中国律宗思想研究》一文援引日本学者的考证，认为“戒律”一词本是中国佛教的产物，并在后世得到广泛使用，“戒律”之说并不见于梵汉藏等佛教原始文献，“戒”“律”并举之译名最早出现在《杂含》，其原意为“别解脱律仪”，但不同于中国佛教所说的“戒律”一词⑤。

而在道教典籍当中，对戒、律也有所论述。如张万福在《三洞众戒

---

① Mircea Eliade, *The Encylelopedia of Religion*, New York: Macmillan Publishing Company, 1987, Vol.15, P265.

② ［唐］道宣.四分律含注戒本疏，卷1.弘一大师全集，第4册.福州：福建人民出版社影印本，1992年，第394页。

③ 王建光.中国律宗思想研究.成都：巴蜀书社，2004年，第2页。

④ 则安.资持记序解并五例讲义.新纂大藏卐续藏经，第44册.台湾白马精舍印经会，第300页。

⑤ 王建光.中国律宗思想研究.成都：巴蜀书社，2004年，第3页。

文·序》中所言："夫戒者，戒诸恶行，防众行之最。"[1]主要是从防恶的角度来约束道众身心的，对道众的各种行为做出明确规定。同样，在《太上老君戒经》当中也谈到了对"戒"的理解："戒者，防也，防其失也。"其注解为："未失则防而不为，既失则戒而不犯，皆是'防'其义者也。"[2]此外，《洞玄灵宝玄门大义》称："戒者，解也，界也，止也，能解众恶之缚，能分善恶之界，防止诸恶也。"[3]，戒的作用就是要让道众知道自己行为的界限，懂得自己能做什么、不能做什么。可见道教对"戒"的理解主要是从防范的角度，对未然的则警戒自身而不为，对于已犯的则引以为戒而不再犯，尚不具备惩罚之意。

那么戒所包含的内容主要有那些呢?《洞玄灵宝玄门大义》论到："戒之为义，又有详略。祥者：太清道本无量法门百二十九条；老君及三元品戒百八十条，观身大戒三百条；太一六十戒之例是也。略者：道人三戒；录生五戒；祭酒八戒；想尔九戒；智慧上品十戒；明真科二十四戒之例是也。"[4]这主要谈的是戒律的具体条目，而根据不同的众生根性，道教的"戒"授受又有不同，如唐潘师正在《道门经法相承次序》中说："一切众生，根性差别，故设科立教，渐顿有殊。是诸行人初发道意，起回向心，如说修行，先持净戒。所言戒者，法有二种：一者有得戒，二者无得戒。有得戒者，即《太玄真经》所谓三戒、五戒、九戒、十戒、百八十戒、三百大戒之例是也。无得戒者，即谓上机之人，灵识惠解，业行精微，离诸有心，不婴尘染，体入空界，迹蹈真源。不求常乐而众善自臻，不厌人间而诸恶自息，本自无持，今即不犯，无犯，是名无得。既其无得，亦复无失。无得，故谓为真。上机之人，其戒如此。若能持戒不犯，登十转

---

① ［唐］张万福.三洞众戒文·序.道藏，第3册.文物出版社、上海书店、天津古籍出版社，1988年，第396页。

② 《太上老君戒经》，《道藏》第18册，文物出版社、上海书店、天津古籍出版社，1988年，第203页。

③ 《洞玄灵宝玄门大义》，《道藏》第24册，文物出版社、上海书店、天津古籍出版社，1988年，第734页。

④ 同③，第738页。

位，得五道果。”[①]在此作者区分两类学道之人，即初发道意者和上机之人，两者由于根基不同而遵循的戒目也不同，初发道意者遵循的有相之戒，即具体的戒条科目，而上机之人则慧根深厚，不再着相而修，常人之错已经不会再犯，因而其遵循的则是无相之戒。

而“律”在道教典籍当中则具有很强的“惩罚”意味，如《玄都律文》《女青鬼律》之“律”就具有了法律意义上的“惩罚”本意。《道教义枢·十二部义》论到：“律者，率也，直也，栗也，率计罪愆，直而不枉，使惧栗也。”[②]可见律的“惩罚”意味是其首要的目标。此外《道教义枢·十二部义》还言“律者，终出戒中，无更别目，多论罪报刑宪之科”[③]，而《中华道教大辞典》释“律”为：“道教约束道士言行、防止‘恶心邪欲’、‘乖言戾行’的律文。律与戒常合为‘戒律’并作一解。其实在教门内，律与戒是有区别的。戒是戒条，主要以防范为目的；律是律文，主要以惩罚为手段。律文是根据戒条而建立的……”[④]可见戒律主要是指依所犯之戒而以相应的律文来对犯戒者进行相应惩罚和告诫，二者在道教的戒律条文中往往是一体的，这点我们也可以从《洞玄灵宝玄门大义》的论述当中可以看到：

> 律者终出戒中，无更别目，多论罪报宪法之科，如《天师老君玄都律》《女青鬼律》等律是也。斯则戒主于因，律主于果。戒论防恶，律论与罪故也。[⑤]

① ［唐］潘师正.道门经法相承次序，卷上.道藏，第24册.文物出版社、上海书店、天津古籍出版社，1988年，第786页。

② 《道教义枢》,《道藏》第24册，文物出版社、上海书店、天津古籍出版社，1988年，第816页。

③ 同②，第818页。

④ 胡孚琛.中华道教大辞典.中国社会科学出版社，1995年，第564页。

⑤ 《洞玄灵宝玄门大义》,《道藏》第24册，文物出版社、上海书店、天津古籍出版社，1988年，第738页。

戒为防恶，律论与罪，戒律之目的，就是为了惩罚与保护修道者，让他们能够约束身心之过，以免走向违律犯戒之途，对道众之身心亦起到震慑之效。

二、隐秘的惩罚：承负说

我们知道，道人在未归道、未出家之前，也是一介凡夫俗子。在归道出家之后，戒律提供了外在的惩罚机制，以保障道众身心的自我约束和自我保护。道教除了戒律这种外在的惩罚机制外，还出于宗教信仰的因素，奉行“承负说”的内在而隐秘的惩罚论。

承负之说类似于佛教所宣扬的“因果报应”，其主旨即在于强调今生个人的言行和遭遇一方面是因秉承自己先人的所作所为而来，另一方面自己当下的言行和遭遇也会波及后世，如《太平经》所述：

> 承者为前，负者为后；承者，乃谓先人本承天心而行，小小失之，不自知，用日积久，相聚为多，今后生人反无辜蒙其过谪，连传被其灾，故前为承，后为负也。负者，流灾亦不由一人之治，比连不平，前后更相负，故名之为负。负者，乃先人负于后生者也。①

承前人之过，负后生之害。承负之说，在目的上，一方面是为了解释当世之人的夭寿祸福、贫富贵贱等现实中的种种不平等问题，从而安抚当世之人要安于自身现实，不作无谓的改变和抗争；另一方面，则是警诫当世之人要遵纪守法、恪守真道，以免自身的言行流毒后世，殃及子孙后代，这样修道之人才可能保持畏惧和警醒之心，使得自我自觉地约束身心之言行，从而避免来自上天之惩罚。

“承负说”的真实用意，如我们上面所述，一方面是起到解释和抚慰作用，另一方面则是为了警醒和告诫道众的身心言行，以免受到上天的惩

① 王明.太平经合校.北京：中华书局，1960年，第70页。

罚。随着道教教理教义的发展，承负之说慢慢就演变成了“善有善报恶有恶报”这样比较简单易行、通俗易懂的报应理论。这样一种报应理论，将人的善恶行为直接与善报、恶报挂钩，起到了很大的警醒和惩罚意味，但同时也有功利主义的倾向，让人觉得行善之目的就是为了得到好处，行恶则致祸殃。

第四章　自我实现论

根本而言，道门人士求道、修道的目的，就是为了自我实现。自我实现，简而言之就是实现自我。实现自我的什么呢？实现自己所认可和所希望的目标、价值和理想。关于人的自我实现，人本主义心理学家马斯洛对此有精彩论述，我们通过马斯洛对于人的需要层次理论、人的潜能论和人的自我实现学说来一窥道教信仰当中所蕴含和所追求的自我实现愿望。

第一节　自我实现的含义

马斯洛广为人知的理论就是人的需要层次理论、人的潜能论和人的自我实现理论。在“需要层次理论”中，马斯洛将人的需要从低到高分为生理需要、安全需要、归属与爱的需要、自尊需要、认知需要、审美需要、自我实现需要。前面的四种需要可以说是一个人生存的基本欲求，后三种需要则显得更为形而上，涉及了人的理性认知能力和审美能力，最终走向最高的需要即自我实现，自我实现的需要处于人需求的最高端。

一、马斯洛的自我实现说综述

马斯洛对于“自我实现”的理解，在其思想发展的不同时期，其具体含义亦是多有不同。据Daniels的归纳，马斯洛“自我实现”（self-acualization）的内涵经历了四个发展阶段：（1）需要层次理论阶段（1942-

1949）。在此阶段，马斯洛将自我实现当作其动机理论的一部分而非作为某种综合性人格特征而提出。在他著名的需要层次理论中，自我实现的需要或动机处于最上层；（2）自我实现的经验研究阶段（1950）。在这个阶段，马斯洛从前一阶段关于人类动机的理论分析转向把自我实现看作一种人格的综合特征的经验研究。马斯洛根据"没有任何严重的情绪或人格障碍"和"充分发挥自己的天资、潜能"这两条原则，挑选出几十名历史人物和在世的当代人进行自我实现的研究；（3）成长心理学阶段（1950–1965）。在这个阶段，马斯洛提出了"成长"（growth）的概念。他把成长看作是一种能够使人们导向最后的自我实现的过程；（4）存在心理学阶段（1960–1970）。在这个阶段，马斯洛关注于自我实现者的体验和高峰体验（peak-experiences）的研究。把自我实现等同于高峰体验。但接下来的研究发现，非自我实现者或普通人也有高峰体验，他们的区别只是在体验的程度和频率上不同而已，而且高峰体验的许多特征都是消极被动的，与早期关于自我是积极追求实现的观点相矛盾。为了解决此种矛盾，马斯洛提出了自我超越（self-transcendence）的概念，它是一种普遍的存在价值得以实现的状态，是处于自我实现之上的需要层次的最高处。因此就有了健康型或非超越自我实现者和超越型自我实现者（transcendent self-actualizers）之分①。

一个得到了自我实现的人，具有哪些特征呢？按马斯洛的归纳，主要有如下这些：（1）对现实的更有效的洞察力；（2）对于自我、他人和自然的接受；（3）行为的自然流露；（4）以问题为中心；（5）超然独立的特征；（6）对于环境的相对独立性；（7）欣赏的时时常新；（8）较多的高峰体验或神秘体验；（9）深沉的社会情感；（10）纯粹的私人关系；（11）民主的性格结构；（12）区分手段和目的；（13）富于哲理、善意的幽默感；（14）表现出创造力或独创性；（15）对文化适应的抵抗。

这些特征，总体而言都是正面的积极特征，其所反映的是个体自我对

① 郑剑红、黄希庭.西方自我实现研究现状.心理科学进展，2004年第12卷第2期，第296–297页。

于自身的认可、他人的接受和积极地融入社会。在这些特征当中，高峰体验成为了决定性要素，因为在马斯洛看来，存在性的体验是人自我实现所能达致的最高状态，这种体验超越了普通人所能达致的自我实现程度。

马斯洛所提出的这些自我实现特征，主要是侧重于理论层面的探讨，具有较强的哲学和宗教意味，在实际操作过程中不太具有量化的标准。因此，后来的研究者通过编制有效的测量工具来统一和界定自我实现这一抽象的概念。这些测量工具主要有三，一是个人倾向性量表（Personal Orientation Inventory，简称POI），二是自我实现简短指标（Short Index of Self-Actualization，简称SISA），三是自我实现简要指标（Brief Index of Self-Actualization，简称BISA）。

在个人倾向性量表中，主要列出了十种自我实现的量化标准：（1）自我实现的价值，测量自我实现者的价值主张；（2）存在性，测量个体是情境性、存在性还是僵化性地作出反应的能力；（3）情感性反应，测量对自身和情感反应的敏感性；（4）自发性，测量个体自身的自由性或其反应的自由性；（5）自尊，测量因有价值或有力量而对自己的确信程度；（6）自我接受，测量对自己的肯定或接纳程度；（7）人性，测量对人性的结构性看法；（8）协作性，测量合作的能力；（9）对攻击的接受，测量个体是接受还是防御、拒绝、压制正常性攻击的能力；（10）亲密接触的能力，测量个体能否与他人发展亲密关系的能力。在自我实现简短指标和自我实现简要指标中，也列举了类似的量化标准进行界说，以分值高低来确定自我实现的程度。①

马斯洛的自我实现学说，是人本主义心理学发展的重要阶段和重要理论，其思想核心即是认为每个人都有潜能和动机去追求自我的完善，充分肯定了个体自由意志的存在，也为每个人追求积极的人生态度给予了理论上论证和阐发。然而，诚如许多批判者所提出的那样，自我实现学说也有

① 郑剑红、黄希庭.西方自我实现研究现状.心理科学进展，2004年第12卷第2期，第298–299页。

许多自己的不足，比如“自我实现”概念的非统一性、自我的抽象性、与实践活动的脱离等。

二、道教的自我实现说：凡人－道人－仙人

道教的修行旨要是为了实现不死，而不死者的最高隐喻即是“仙人”。在人未能成仙之前，他只是个凡人。从凡人到仙人之间，必须通过入道、修道、得道这些繁复的过程，因而道人成为了凡人成仙必须跨过的一道门槛。

何谓凡人呢？所谓凡人，即是指常人。这里的“常”，是指平常之常，亦即处于平均生活状态中的众人，此种平均状态决定了大多数人相似的生活内容和生活目标，如《庄子·至乐》所言：

> 夫天下之所尊者，富贵寿善也。所乐者，身安、厚味、美服、好色、音声也。所下者，贫贱夭恶也。所苦者，身不得安逸，口不得厚味，形不得美服，目不得好色，耳不得音声。①

天下之人所尊、所乐、所下、所苦者，基本上是相同的，这是人之常情，亦是人之所求所欲，这些基本的物质欲求和精神需求构成了常人生活的基本动力和基本目标，他们所能做和必须做的则是王常月在《碧苑坛经》中所言的：

> 生男育女，娶妻买妾，儿孙父子，功名富贵，爬家撑产，买田买地，披细穿缎，著绣拖罗，贪淫乐欲，杀生害命，美口充肠。②

在道门看来，这样一种顺着自然规律和社会主流价值的生活，其最终

---

① ［清］郭庆藩．庄子集释．诸子集成，第3册．北京：中华书局，1954年，第269页。

② ［清］王常月．碧苑坛经．藏外道书，第10册．成都：巴蜀书社，1994年，第181页。

结果就是逃脱不了生死轮回的宿命，因为在他们看来，凡人最大的“凡”就在于人之有死和无常，如《灵宝九幽长夜起尸度亡玄章》说的：

人生会当死，一切皆无常。[①]

而人死之所以可怕，就在于人生之不可重复性，人人只有“一生”，不可“再生”，如《太平经》说：

夫人死者乃尽灭，尽成灰已，将不复见。今人居天地之间，从天地开辟以来，人人各一生，不得再生也。自有名字为人。人者，乃中和凡物之长也，而尊且贵，与天地相似；今一死，乃终古穷天毕地，不得复见自名为人也，不复起行也。故悲之大冤之也。[②]

所以，道门为了对付人之有死，必将是以“不死”的教义来号召世俗凡人，转而求道、受道、得道，所以“凡受道之士，贵在不死，修行有效，保得长生，生生不绝，乃成真圣”[③]。

这样，道人就成为了凡人脱离生死的进一步阶梯。何谓道人或者道士呢?

“道人”一词最早出现于《汉书·京房传》:“道人始去，寒，涌水为灾。”颜师古于此注曰：“道人，谓有道术之人也。”道教产生于东汉，京房为西汉人，故知此处之“道士”主要是指方术之士。道教成立之后，“道人”一词在东汉至西晋的道书中专指道士。南北朝时期，道人则是专指佛教徒，而以“道士”专指道教徒，如《南齐书·顾欢传》所言之“道

① 《灵宝九幽长夜起尸度亡玄章》，《道藏》第11册，文物出版社、上海书店、天津古籍出版社，1988年，第155页。

② 王明编.太平经合校.北京：中华书局，1960年，第340页。

③ 《洞真太上八素真经精耀三景妙诀》，《道藏》第33册，文物出版社、上海书店、天津古籍出版社，1988年，第467页。

士与道人战儒墨，道人与道士辨是非”，其中的道士就专指道教徒，道人即是僧人。唐以后，又以道人泛指有道术之士，或者道士。宋元以来，常用“某某道人”为道士道号。

“道士”此一称谓在道教创教之前便已存在，如《楼观本纪》载：“周穆王好尚黄老。闻仙师杜仲有至德高行，遂师之。因追仰遗迹，崇构灵坛，招集四方幽人逸士，以绍玄业……朝野弘修道事，故以道士为号焉。”此处之“道士”，即是指先秦到两汉之际的方仙术士。

“道士”之称，在道教创立之前，一般可以称三类人：一是崇奉黄老道家之人；二是有道、得道之士；三是指方仙术士。道教创立之后，“道士”则成为道教神职人员的专有称谓，如《洞真太上太霄琅书》卷八所言：“人行大道，号为道士。士者何也？理也，事也。身心顺理，唯道是从。从道为事，故称道士。道士谦辞，于道未当，自言贫，亦云贫士。”[①]

道门中人除了“道士”或“道人”这些常用称谓外，还经常有很多尊称，如羽人、天师、先生、法师、大师、炼师、道长等。[②]道士按其悟道深浅和修行高低，亦有不同的等级，如《道门通教必用集》将道士分为七等：

> 《出家因缘经》云：道士凡有七阶。天尊言“一者天真，谓体合自然，内外纯静；二者神仙，谓变化不测，超离凡界；三者幽逸，谓含光藏辉，不拘世累；四者山居，谓幽潜学道，仁智自安；五者出家，谓舍诸有爱，脱落嚣尘；六者在家，谓和光同尘，抱道怀德；七者祭酒，谓屈己尘凡，救度危苦”。[③]

---

① 《洞真太上太霄琅书》卷8，《道藏》第33册，文物出版社、上海书店、天津古籍出版社，1988年，第690页。

② 以上关于道士、道人的称谓流变，参考了周高德《道士的称谓》（《中国宗教》199年第4期，第39-40页）一文。

③ 《道门通教必用集》卷1，《道藏》第32册，文物出版社、上海书店、天津古籍出版社，1988年，第3页。

对道士进行阶位划分，本质上是为了给修道者以奋斗的目标和积极进取的修道之心，使得他们不断努力、不断超越自身之凡人本性。

道士修道的目的，最终是为了得道成仙。对于仙的认定和设定，可以说成为了凡人归道之后所追求的更进一步目标。

在春秋之前，中国上古的神灵体系只有天神、地祇、人鬼之别，尚无仙之观念，这点可以从《山海经》《淮南子》等书所描绘的各类神灵鬼怪中得以体现。神与仙观念的这种差异，可以从神、仙的本意可以看得出来。神，《说文解字》释为："天神引出万物者也，从示，申声。"[①]而"示"的含义则为"天垂象，见吉凶，所启示人也。从二。三垂象，日月星也。观乎天文以察时变，示神事也"[②]，可知"神"最初只是指天神，而人是不能等同于神的。仙，原作"仚"，《说文解字》释曰："人在山上，从人从山。"[③]仙的观念由此可知是与人相关联，仙寄寓了人超越自身生理极限的理想隐喻。

神仙观念流行于战国秦汉之际，《庄子》书中描绘的各类真人、神人、至人等无不反映出了当时的社会风尚，神仙之说经过方士、术士的渲染，逐渐形成后来的方仙道。至东汉道教成立，神仙学说就成为了道教教义的重要组成部分。

对于神仙之等级，道书多有论及，以下几种比较有代表性，如《三洞珠囊》《重阳真人金关玉锁诀》《析疑指迷论》《真仙直指语录》等的论述：

> 《太真科》云：小乘仙有九品：一者上仙，二者高仙，三者大仙，四者神仙，五者玄仙，六者真仙，七者天仙，八者灵仙，九者至仙也。中乘真有九品：一者上真，二者高真，三者大真，四者神真，五者玄真，六者仙真，七者天真，八者灵真，九者至真也。大乘圣有九

---

① ［汉］许慎撰、段玉裁.说文解字注.上海古籍出版社，1988年第二版，第3页上。

② 同上，第2页下。

③ 同上，第383页下。

品：一者上圣，二者高圣，三者大圣，四者神圣，五者玄圣，六者真圣，七者仙圣，八者灵圣，九者至圣也。①

问曰：大道之中，离几等神仙？解曰：闻《传道集》中有五等神仙：第一，不持戒，不断酒肉，不杀生，不思善，为鬼仙之类；第二，养真气长命者，为地仙；第三，好战争，是剑仙；第四，打坐修行者，为神仙；第五，孝养师长父母，六度万行方便，救一切众生，断除十恶，不杀生，不食酒肉，邪非偷盗，出意同天心，正直无私曲，名曰天仙。②

夫正炼丹之法者，而有三门，上中下而分为九品……而神亦有三名：太上者，虚无之神；天地者，阴阳之神；人虫者，血肉之神也。而仙亦有九品：有虚无之仙、天仙、地仙、神仙、鬼仙、山仙、水仙、人仙、物仙，是为九品……为其悟有深浅，禀有清浊，而功有多寡，故有如是之异也。③

马师父云：仙有四等，鬼仙、人仙、地仙、神仙，皆有宿缘。④

道门典籍对于神仙之划分，虽然所依据的标准不同，但对天仙、神仙、地仙、人仙、鬼仙这五类神仙的分类基本认可，认为天仙是仙之最高等级。

仙、真、圣的划分标准是道门寄希望于修道者所应有的自我形象和人生目标，同时也是为道人的修行提供了更多和更高的奋斗目标。在这些递升式目标的背后，蕴含了凡人超脱自身动物性限制和自然性限制的冲动，也为凡人超脱提供了不同于儒释的自我奋斗目标。

---

① 《三洞珠囊》卷7，《道藏》第25册，文物出版社、上海书店、天津古籍出版社，1988年，第337页。

② 《重阳真人金关玉锁诀》，《王重阳集》，济南：齐鲁书社，2005年，第287页。

③ 《析疑指迷论》，《道藏》第4册，文物出版社、上海书店、天津古籍出版社，1988年，第952页。

④ 《真仙直指语录》卷下，《道藏》第32册，文物出版社、上海书店、天津古籍出版社，1988年，第443页。

第二节　道教的自我实现之路

道教所追求的得道成仙，长生不死目标，反映了凡人对于“人之必死”这一生存论事实的清醒认识和自觉反抗。在对死亡的反抗过程中，道教人士为了能够实现自我的人生价值和追求，往往通过实施各类方术和进行身心的种种训练来达致此类目标。在这些方术和训练背后，蕴含了人类生活当中一些可贵的价值目标，比如对于自由、平等、真理的渴望和追求。

一、自我与自由：忘（无）我

自由是人类基本的价值追求之一。对于自由的理解，一般可以从两种意义上进行：一是从解缚的角度，即从束缚中解脱出来获得自由；二是从创造的角度，由自，即自我意志得到尽情地发挥，自由自在，任意逍遥。

道家早期追求个体自由，以庄子为最。庄子把人的自由状态描述成为一种“无待之游”，要获得此种自由，必须通过齐、游、忘、化、斋、外等手段，才能挣脱由儒墨诸家所设置的各类人性束缚，从而达致无待之游和无用之用。因此，庄子追求自由的第一层含义，即是摆脱给人类外在和内在的束缚，以为个体修道者追求内心的自由提供理论和实践的依据。对于外在的乱世，庄子意识到个体无法对抗整个制度，所以只能转投内心，通过放弃人的意志——情、欲、物、知——而达致对大道的追求。

情和欲都是对象性的，所以它们要指向外在世界的人与物。情、欲、物、知、道五者构成了个人的意志追求，为了达致大道，道家与道教都主张个体自我当放弃和忘却情、欲、物、知，用道门中的修行话语来说就是“绝除人我”“物我两忘”“境智双泯”，其最终的本质即在于“虚己”“无我”。

道教所追求的自由，其第一层意义亦是“解脱”意。为何要追求解脱呢？因为有束缚。有何束缚呢？身、心、世之束缚。

身之束缚，首先表现在个体是有情、有欲的。如我们前面所言，“情”一方面表现为个人之情绪喜、怒、哀、惧、好、恶、欲。另一方面，“情”表现为人的情感，即己对人的种种牵挂、迷恋等，如爱情、亲情、友情等。

对于“情”之束缚和害处，修道之人深有体味，如《刘子》卷1说：

> 情者，是非之主，而利害之根。有是必有非，能利亦能害。是非利害存于衷，而彼此还相疑。故无情以接物，在遇而恒通；有情以接人，触应而成碍。由此观之，则情之所处，物之所碍也。①

人有偏私之情，必会区分是非，计较厉害得失。而情之发生与宣泄，必定有所指向。情之指向，或对于人，或对于物。与己同者，则私情必偏向同于己者。与物而私者，则必定以物为己之私，从而妄生自私之情，独占天下之物为己有，从而引发与人之冲突、争执，人从而被物、被人所缚，以至亡身殒命，如《庄子·骈拇》所言：

> 自三代以下者，天下莫不以物易其性矣。小人则以身殉利，士则以身殉名，大夫则以身殉家，圣人则以身殉天下。故此数子者，事业不同，名声异号，其于伤性以身为殉，一也。②

从庄子及其后学的观点看，他们认为三代以前，人性是纯朴天真的。三代之后，人性渐乖，小人、士、大夫、圣人等人虽然名号不同，从事的职业不同，但在逐物以害性上却是一致的。

---

① 《刘子》卷1，《道藏》第21册，文物出版社、上海书店、天津古籍出版社，1988年，第728页。

② ［清］郭庆藩．庄子集释．诸子集成，第3册．北京：中华书局，1954年，第145–146页。

欲望作为人意志力的一种体现，其所指亦是对象性的，即欲望的实现必须指向对象，欲望者自身无法满足欲望本身。人有欲望，首先是因为人有感觉器官，人的感觉器官能够接触外在世界，而外在世界本身是变化不定，生生不已的，所以人的五官就会指向各种欲求，如《太上老君虚无自然本起经》说：

五欲者，谓耳欲声，便迷塞不能止；目欲色，便淫乱发狂；鼻欲香，便散其精神；口欲味，便受罪于网罗；心欲爱憎，便偏邪失正平凡。①

耳、目、鼻、口、心，五者作为外在感官和内在思考器官，它们的存在都是要指向外在世界，为了满足耳目口鼻之欲，人心必定有所爱憎偏私，为了一己之欲望而被境所缚，所以人之自由不能自我决断，只能向外而求。

因而，情欲就被道门认为是修道求解脱的重要束缚，凡人只有克服情、欲之负累，返回人之一灵真性，如婴儿般纯净无瑕，了无分别，方可求得解脱，如《真仙直指语录》卷下说：

夫婴儿之始生，受得一点灵光，本无罪福、无喜怒、无宠辱、无是非，被先有之人，教得争高竞下，是非人我，便是昧了。得悟之人除去情欲，返朴还淳，一志保护真气灵光，心于存道，虽然无功行，来来往往作个灵明之神。②

“婴儿”可以说是道门为人所作的自由喻像，在道家道教看来，婴儿是人最为本源时的情状，人为婴儿时，无分别、无主客、无是非、无爱憎

① 《太上老君虚无自然本起经》，《道藏》第34册，文物出版社、上海书店、天津古籍出版社，1988年，第621页。

② 《真仙直指语录》卷下，《道藏》第32册，文物出版社、上海书店、天津古籍出版社，1988年，第444页。

等，而且可以任意而为。此种自由状态，是道家和道教一直试图返回的人之天性，亦是人之自由、逍遥之态。

而人之所以有情、有欲，皆在于人之有身。人身的物质性决定了人必须要向外寻求各种物质来维持、满足身体的需要。所以，《云山集》就谈到了形体与自由的关系：

有身致大患，忘我复何忧。形骸最亲切，毕竟成土丘。况兹身外物，无物非何栖。大块劳以生，冗冗不自由。万事素已定，谁能分外求。疑团自粉碎，休休复休休。莫为空幻具，还作真个囚。廓然自心安，宜与化同游。于生无一为，姑置不复留。颖脱出尘坌，表里绝绸缪。亘古性月在，辉辉天霁秋。①

人身再好，终有一死，亦是归于黄土。由忘我至忘物，由外身至外物，修道者为了获得人生之自由，其所采取的策略首先是认清身体本幻化，进而忘我忘物，最终求得本性之真。而要求得性月之朗照，却先得达致“廓然自心安”的内心无扰之状态，心成为了连结身、性的桥梁和枢纽所在。

心为何是继身之后成为了对人自由的另一大束缚呢？因为心与识、我、欲、烦等息息相关，如《云笈七籤》所引之《内观经》云：

老君曰：人所以流浪恶道，沉沦滓秽，缘六情起妄而生六识。六识分别，系缚憎爱，去来取舍，染著烦恼，与道长隔，所以内观六识因起，六识从何而起？从心识起。心从我起，我从欲起。妄想颠倒，而生有识。亦曰自然，又名无为，本来虚净，元无有识。有识分别，

① ［元］姬志真.云山集，卷1.道藏，第25册.文物出版社、上海书店、天津古籍出版社，1988年，第367–368页。

起诸邪见。邪见既兴，尽是烦恼，辗转缠缚，流浪生死，永失于道。[①]

情、识、心、我、欲、想、见、烦诸者皆为系缚，它们对修道者的解脱是大障碍，其作用方式不是一次性的，而是“辗转缠缚”，所以对于修道之人的危害是持久和反复的，故而需要时时刻刻提防“心”之动静。

心之所以会有动静，就在于心向外逐物，“夫心本无心，心因物感而见。故紫阳云“见物便见心，无物心不见；十方通塞中，真心无不遍”。夫真心无象，喻如宝鉴含辉，若物来则见物，人来则见人，人物俱泯，则圆明莹徹矣”[②]。人心本纯杂无分，如道门所言之“婴儿”情状，只因有外物感应，修道之人不能泯灭人物之分，不能忘怀是非之别，所以才会逐物而生心，即生分别之心。人如果有分别之心，则会有人我之别。有人我之别，则会产生偏私之邪，人一私心，必当系缚于人、物，那么道、神、性则不显。

心与性、神之间有何关联呢？《诸真内丹集要》论道：

饮食不止身不轻，声色不止神不清。思虑不止心不宁，心不宁兮神不灵，神不灵兮道不成。[③]

此外，《玄宗直指万法同归》亦有论云：

或问：性、神、心三者同异？答云：性者，寂然不动之真空也。神乃真空之中妙有灵通者，性之神所以感而通也。心者，性之枢，神之机也。枢机静则性神安，动则性神摇，虽曰二用，不离一体。性不

① 《云笈七籤》卷17，《道藏》第22册，文物出版社、上海书店、天津古籍出版社，1988年，第128页。

② 《析疑指迷论》，《道藏》第4册，文物出版社、上海书店、天津古籍出版社，1988年，第949页。

③ 《诸真内丹集要》卷中，《道藏》第32册，文物出版社、上海书店、天津古籍出版社，1988年，第463页。

> 自灵，神灵之也。性不自通，神通之也。安其性，存其神，心也。万法莫不由心焉。[①]

性、神、道三者，皆由一心而发动，故而心也就成为了修道之人获得解脱、自由的根本所在。心首先作为思虑之官，而能生万法，故能心常常表现为“动心”；其次，心亦可作为性、神之枢机，静心则可显现性、神，所以心也可转换为“照心”。要控制“心”之动与照，就必须“忘我”，而我不能忘，就在于人“有身”，有身则心向外而求，无法身神（心）合道，如《无上秘要》卷5说：

> 炁炁相续，种种生缘，善恶祸福，各有命根。非天，非地，亦又非人，正由心也，心则神也。形非我有，我所以得生者，从虚无自然中来，因缘寄胎，受化而生。……故我受形亦非我形也，寄之为屋宅，因之为营室，以舍我也。附之以为形，示之以有无，故得道者无复有形也。及我无身，我有何患？我所以有患者，为我有身。有身则百恶生，无身则入自然。立行合道，则身神一也。[②]

道教中人在此一方面主张人世之种种现实皆有其命，不是由天、由地、由人所先决，另一方面则将一切归之于一“心”，心之奥妙不可解释，则称之为“神”。在心、神、身（形）、我、患、恶之间，心成为了关键所在。但心不是“他心”，而是“我心”，所以道人当明白修道不该向外、向身（形）、向“他者”而求，却要返“我”，进而“忘我”“忘物”，以至“无我”，方可求得身心之解脱自在，因为“心同太虚，则无我也，无我则

---

① 《玄宗直指万法同归》卷3，《道藏》第23册，文物出版社、上海书店、天津古籍出版社，1988年，第926页。

② 《无上秘要》卷5，《道藏》第25册，文物出版社、上海书店、天津古籍出版社，1988年，第13页。

与道相应矣”[①]。

综上而论，道门中人为了求得自由解脱，其首先着力的不是从改造外在世界的种种束缚来实现，而是以放弃“自我”的情、欲、物、知等意志性的需求为前提，进而改造人之一“心”，强调的是改造自我以适应变化多端的现实世界，从而求得一己之自在逍遥。其追求自由的主旨与方法即是“放弃”，放弃一切有害于修道的个人需求，消解一切有害于得道的个人意志，从而求得与现实世界、信仰世界的和解。

二、自我与平等：同性

如果说自由问题主要是关注修道者个体身心解脱为主的话，那么平等问题则彰显了修道者与其他人、物的一种存在状态和心灵的渴望。

何谓平等呢？平等的第一层意义往往容易被理解成为“平均”。因此，这样理解的“平等”就是凡事人人皆有分，不分年龄、性别、种族、肤色、能力等具体差别。其次，平等还可以被理解为在承认人与人各种先天、后天差异的前提下，每个人按同一种规则平等竞争、努力，最终每个人按自己的能力、天分、努力来实现自身的人生价值。

两种平等观所依据的规则和预设是截然相反的。第一种平等观无视每个个体的实在差异，而追求结果上的平等。第二种平等观则以个体差异为主，讲究的是起点平等、机会均等，在遵守相同规则的前提下，每个人各尽所能，其结果则各不相同。

平等之所以成为个体修道者生存中的问题，根本还是在于现实生活当中所存在的各种“差别”现象。这些不平等的现象，主要体现在人与人之间各种际遇的差别上。

人与人之间的差别有很多。人生在世，要面临许多跟自己异己的东西，这些东西，有些是先天而成的，有些是后天而来的。比如，贫富、贵

---

① 《盘山栖云王真人语录》,《道藏》第23册，文物出版社、上海书店、天津古籍出版社，1988年，第725页。

贱、夭寿、美丑、高低、胖瘦等，这些生存性的事实无不彰显了人与人之间的差距和差异。对于人生在世所面临的各种不平等现象，道门经典当中也是多有论及，如《云笈七籤》卷95《仙籍语论要记》有记：

> 尔时众中有一童子，名曰善达，从坐而起，上白天尊：……不审一切众生，同禀一华，云何诸缘各有差别，善恶不同？生死之业，苦乐殊形？返覆往还，受生各异？或生边夷，或生中国？或生奴婢，或生人王？或生贫贱，或生富贵？或生跛躄，或生具足？或生愚痴，或生智慧？或生悭贪，或生布施？或生好杀，或生慈悲？或生五逆，或生孝顺？或生受苦，或生受乐？或生聋盲，或生聪哲？或生禽虫，或生鱼鳖。如此业报，种种不同。唯愿慈悲，分别解释。
>
> 天尊告善达童子曰：一切法生，皆从一本微华，种种相好，众生迷惑，不自觉知。于实相中，横生颠倒，法成受苦，见惩自生不孝，慈爱远离，失本求末，冥冥不晓，长处暗中，无有解脱。慈愍种种，济度显法，因由众中疑惑，不了业缘，诸法空寂，毕竟无我……诸法幻生，幻生幻灭；诸法幻灭，幻灭幻生。如是幻相生灭，幻无生灭；幻相去来，幻无去来……①

善达童子所列之种种生存现实，如善恶、生死、主奴、贫贱、富贵、贤愚等，无不是个体生存于世时所不得不面对的现实生存。面对此种生存的现实，天尊以为当以“空幻”对之。诸法为何空幻呢？因为“无我”。所谓无我，即是无恒常之自性，不能长久存在，所以为空、为幻。上述诸相，因为无我，所以不长久，只是一时之现象，因而不可当真、不必当真、不用当真。

对人世种种差别之解释，道门除了此种空、幻之达观解释外，一方面

① 《云笈七籤》卷95，《道藏》第22册，文物出版社、上海书店、天津古籍出版社，1988年，第653页。

则从人力角度来阐释世间各种遭遇和差别，如对“五道”之评述，如《洞玄灵宝诸天世界造化经》说：

> 何谓五道？一者天道，二者人道，三者地狱之道，四者恶鬼之道，五者畜生虫兽之道。若其人生世积德深厚，得入上福，则生天道，长寿好形，安乐无极，还知宿命因缘之事。若其生世得在中福，则生人道，得其富贵之门，无所不足。若其人生世福微罪多，得在下福，则生贫贱之门，凡事下恶，所向无可，或得盲聋喑哑六疾，丑恶奴婢臭处臊秽之身。是上二道，虽有优劣，犹胜是下三途有生之苦……若其人生好杀害众生，射猎为事，屠割为业，不知修福，但行恶事，即生畜生之道，为彼羊牛猪鹅鸡鸭，受其屠割秤卖之报也。如先身所为，谁能见是？唯得道者知之。①

此种观点，其实是道教“承负说”的解释视角，但融入了“人力”之成分，今世得为何种之人，是由先人的所作所为所决定。前世行善，积德深厚，那么就可以享受上福，得生天道，好处多多。前世行恶则得下福，生入地狱、恶鬼、畜生之道，受尽煎熬，不得解脱自在。

除了因果论、达观论、人力论的观点外，道门更为主要的则是从“命运”的视角来强调人生在世遭遇的种种差别性存在，所以主张人当放弃通过自身之努力来改变生存的现状，如尹志平在《清和真人北游语录》中所言之：

> 人生富贵贫贱，荣枯寿夭，亦各有所，命也。惟人不受其命，则苦心劳形，贪求不已，然则终不能于定分上曾有一毫增益。若或用心失正，积成罪业，其所损友不可思议者，非徒无益，而又害之，故曰

① 《洞玄灵宝诸天世界造化经》，《道藏》第5册，文物出版社、上海书店、天津古籍出版社，1988年，第861页。

“无心是道”。[①]

此段话当然是劝每个人应安分守己，满足于自身现有之安排，不作过多妄想，对待发生在自己和他人身上的遭遇，都应该采取“安之若命”的态度，亦即“无心”。此处心之无，乃是无羡慕之心、嫉妒之心、贪求之心。

既然在人世当中每个人的人生际遇各有不同，在此岸世界无法达致平等。那么，人该如何寻求平等的机会呢？

道教以宗教信仰的方式来承诺了此种平等，即人人都可以修道成仙。人人为何能够修道成仙呢？就在于每个人都有修道成仙的可能性，亦即人人都有此种潜能。那么，这种可能性是什么呢？按道教内部的说法，亦即人的“道性”。

“道性”一词，最早出现在《老子道德经河上公章句》对“道法自然”的注解中：“道性自然，无所法也。”[②]这里的道性即是道之本性，“道法自然”的意思就是“道法自身”，道在此作为独一无二的本体，万物只能以它为法则，而它不需要以万物为法则，所以只能“无所法也”。

“道性”除了最初此种“道体之性”的含义外，其进一步的含义则是“信道之性”，如《抱朴子内篇·辩问》说：

> 按仙经以为诸得仙者，皆受其命偶值神仙之气，自然所禀。故胞胎之中，已含信道之性，及其有识，则心好其事，必遭明师而得其法，不然，则不信不求，求亦不得也……其值圣宿则圣，值贤宿则贤……值仙宿则仙……为人生本有定命，张车子之说是也。苟不受神仙之命，则必无好仙之心，未有心不好之而求其事者也，未有不求而得之者也。[③]

---

① 《清和真人北游语录》卷2，《道藏》第33册，文物出版社、上海书店、天津古籍出版社，1988年，第161页。

② 王卡.老子道德经河上公章句.北京：中华书局，1993年，第103页。

③ 王明.抱朴子内篇校释.北京：中华书局，1985年，第226页。

按此说法，人能够成仙，首先是命定，即“皆受其命偶值神仙之气”，其次有此命后，才能心好神仙之事，才有所求，如果无此“信道之性”，求亦不得。所以，最终能够成仙的人，必定是命中带有“神仙之气”的人。这里的信道之“性”，其实就是信道之“命”，信道与不信道，其实都是先天之命规定好了的。

葛洪这里所探讨的成仙可能性或者说依据，总体而言是一种命定论和偶然论的观点，尚未达到“一切有形，皆含道性”的普适程度。

受佛教佛性论的影响①，道教至南北朝时期亦开始了对凡人成仙依据和可能性的探讨，因而“道性”问题——主要是指得道的可能性和依据——成为了此一时期道教教义探讨的重点。围绕道性所展开的讨论，主要有三个方面的内容：（1）众生与道的问题；（2）无情有无道性；（3）道性是本有的还是始有的。②关于这三个问题的详细探讨，可参考杨维中先生的《心性本体与道性道体：中国佛教心性论对道教道性论的影响》一文，在此就不详述了。

总而言之，“道性”一词，其含义主要有三：一是指道之性，其实就是道体的含义，二是指信道之性，三是指众生得道的可能性和依据。道门对于道性问题的重视，除了为凡人得道、悟道提供理论和逻辑上的圆满外，更为根本的当是对现实不平等现象的一种反抗，希望通过宗教性的承诺来化解现实生活当中的种种不公，从而安抚常人心灵的不平衡，避免身心失调，引发各类不满情绪。

三、自我与真理：修真

真理在道教教义当中是一个实践论的问题，而不是一个认识论的问

① 关于佛性思想对道教道性论的影响，可参看杨维中《论隋唐道教“道性”论对于佛性思想的吸收》（《人文杂志》，2007年第5期）、《心性本体与道性道体：中国佛教心性论对道教道性论的影响》（《世界宗教研究》2003年第2期）等论文。

② 杨维中.心性本体与道性道体：中国佛教心性论对道教道性论的影响.世界宗教研究，2003年第2期，第69页。

题。所谓实践论的问题，指的是道教对于“真”的追求，其主旨是为了实践个人解脱，与道合真。因而，对具体事物的认识，并没有成为道门追求真理的一种方式。相反，探求人生的真谛，希冀通过修真来得道成为了道教追求真理的一种普遍范式。

如果说儒家的真理观是以“至善”作为人生价值的体现话，那么，道教则是以“至真”来展开自己的真理实现之路。“真”此一概念在道教的教义和实践当中具有举足轻重的重要地位，如道教的很多经典都被冠以“真经”字样，很多修行有道的人被称之为“真人”等等。“真”作为一种价值追求和修道动力成为了道经当中特别强调的对象，如《无上玄元三天玉堂大法》卷16说：

> 师曰：济度幽冥，乃以真而觉妄也。凡人生则迷真，死则失真，一真既失，妄想从生，现诸苦报。圣师立教无他，专以真而觉妄也。盖人心迷失真元而入幽境，虽千圣亦难着力，惟能运一真破一妄，使痴魂于清净，了然脱去苦境，不有萦牵，此乃不失太上慈悲立教之初意。①

真在此是道门济幽度冥的唯一法宝，因为唯有真才能破妄，人心如果迷失了真元，只能误入幽冥之境，心为之而转，不能达致清净之魂魄，故而不能脱离苦海。

以上之“真”，其实就是“道”之同义词。在道经当中，“道”往往以“真”作为自身的另一显现方式和存在方式，亦是道门对于“道”的基本价值界定和判断，如《洞玄灵宝太上六斋十直圣纪经》和《真诰》所言：

---

① 《无上玄元三天玉堂大法》卷16，《道藏》第4册，文物出版社、上海书店、天津古籍出版社，1988年，第50页。

道者，灵通之至真。[①]

道者混然，是生元炁，元炁成，然后有太极，太极则天地之父母，道之奥也。故道有大归，是为素真。故非道无以成真，非真无以成道。道不成其素，安可见乎，是以为大归也。[②]

道是以“至真”的方式来显现自身，因而道即真，真即道，非道无以成真，非真无以成道。

“真”在道教文献当中往往跟以下词汇联系在一起，从而展现自身的意义层次：（1）真道，如《太平经》说“夫上古之人，人人各自知真道，又其时少邪气。”[③]；（2）真元，如《无上玄元三天玉堂大法》卷1说“吾之真元既成，将有余而补不足，所行莫非法也”[④]；（3）真一，如《太清金阙玉华仙书八极神章三皇内秘文》卷上说“太虚之先，寂寥无象，何以至精感激，而真一存焉，真一运行而元气自化”[⑤]；（4）本真，如《上清九丹上化胎精中记经》说“既得为人，便应返其本真，通理五藏，解散胞根，断灭死孔，自然成仙也”[⑥]；（5）真气，如《重阳真人金关玉锁诀》说“真气者，是性命之根本”[⑦]；（6）真性，如《北游录》之“师曰：人禀五行之气以生，故亦随其性。如木性多仁，火性多礼之类是也。此皆非吾之本真，

---

① 《洞玄灵宝太上六斋十直圣纪经》，《道藏》第28册，文物出版社、上海书店、天津古籍出版社，1988年，第382页。

② 《真诰》卷5，《道藏》第20册，文物出版社、上海书店、天津古籍出版社，1988年，第516页。

③ 王明.太平经合校.北京：中华书局，1960年，第295页。

④ 《无上玄元三天玉堂大法》卷1，《道藏》第4册，文物出版社、上海书店、天津古籍出版社，1988年，第1页。

⑤ 《太清金阙玉华仙书八极神章三皇内秘文》卷上，《道藏》第18册，文物出版社、上海书店、天津古籍出版社，1988年，第562页。

⑥ 《上清九丹上化胎精中记经》，《道藏》第34册，文物出版社、上海书店、天津古籍出版社，1988年，第82页。

⑦ ［金］王重阳.王重阳集.济南：齐鲁书社，2005年，第280页。

须超出五行，始见吾之真性矣”[①]；（7）真心，如《析疑指迷论》说“凡初学道者，必先悟其真心。夫真心者，元无一物，等同太虚，本来清净，于此净中，一念忽起，顿然回光，返本归元，则湛然清净矣”[②]；（8）真我，如《无为清静长生真人至真语录》说“我者，真我者，人之性也。我道无形之道也，我善无为之善也”[③]；（9）真人，如《晋真人语录》说“有功无行，道果难成，功行两全，是谓真人”[④]。

从以上“真”的语意层次看，道门求“真”并非是探求物质世界的“知”——如科学所从事的探究那样——而是致力于追求人生意义之“真”。道门之所以致力于追求人生之真，就在于世间一切都呈现了“假相”，世间万物万法都是假合而成，无有真实，如牧常晁在《玄宗直指万法同归》卷4中答弟子所问：

> 或问：先生常谓人身假合，然吾有身，无毫发外物，何为假合？答云：初假父母精血，次假阴阳二炁。在胞则假母之呼吸，出胎则假母之乳哺，眼假日月为明，命假饮食而生，耳假声儿闻，鼻假香而嗅，舍假味而甘，身假衣而饰，意假知而思，热假风而凉，寒假火而温。摩顶至足，无非假借，若一不假，则非全人。天地中万物无不虚假……凡有貌象声色之物，皆属之假。天地虽形器之久，亦不免假也。人伦君臣、父母兄弟、妻子屋宅、田园货财、奴仆日用之需，无非假合。吾身若存，此物皆有。吾身若没，此物皆无。[⑤]

① 《清和真人北游语录》卷1，《道藏》第33册，文物出版社、上海书店、天津古籍出版社，1988年，第157页。

② 《析疑指迷论》，《道藏》第4册，文物出版社、上海书店、天津古籍出版社，1988年，第949页。

③ 《无为清静长生真人至真语录》，《道藏》第23册，文物出版社、上海书店、天津古籍出版社，1988年，第713页。

④ 《晋真人语录》，《道藏》第23册，文物出版社、上海书店、天津古籍出版社，1988年，第697页。

⑤ 《玄宗直指万法同归》卷4，《道藏》第23册，文物出版社、上海书店、天津古籍出版社，1988年，第938–939页。

从人身假合开始，直至天地、人伦等，在道门看来，无不呈现出一派“假相”。此“假”并非是说以上诸物不存在，不能被感知，而是它们的存在都需假借他物而成，具有相对性和依赖性，自身不能独立长存于世，一切都必须依赖“吾身”而存，身存则物存，身没则物没。

道门对“真”的认知，如我们上面所列，主要从真道、真元、真一、本真、真气、真性、真心、真我、真人等层面来展开。既然万事万物都以假之面目展示自身之局限，那么，唯有从道及其所衍生的一系列同义或近义范畴中才能探求世间之“真”了。

隋唐之前的道教实践，主要集中于通过寻求外在事物的帮助来实现长生不死的自我理想。到了隋唐之后，随着心性哲学的兴起，道教的修仙主流亦开始转入对人内在心灵的关注，将得道成仙的依据、动力和目标开始放在“心性”之上，希冀通过心性之修持来达致最终之“真我”。

无论真道也好，还是真心也好，在最终的落实和实践上，必须回归于“个人”，所以《玉溪子丹经指要》称“真人者，即我之一真，凝则为神，用则为心，静则为性，非动非静，虚则灵通，亦名真心”[①]。这样“真人”就成为了道门理解“真道”的现实载体和自我人格的集体喻像。

何谓“真人”呢？《太上虚皇天尊四十九章经》论道：

妙行真人问天尊曰：何者名为真人？复修何道获证此果？天尊曰：精心苦行，绝世所欲，不兴妄想，无有染著，炼形化炁，炼炁化神，炼神合道，体入自然，敛万法归于一身，一身而化万境，不滞有无，永绝生灭，是名真人。[②]

---

① 《玉溪子丹经指要》卷下，《道藏》第1册，文物出版社、上海书店、天津古籍出版社，1988年，第419页。

② 《太上虚皇天尊四十九章经》，《道藏》第1册，文物出版社、上海书店、天津古籍出版社，1988年，第769页。

真人之喻像，以苦行、无欲、无妄想、无染著、炼化精炁神，最终与道合真而完成。这一切的实现，不能脱离于人之一身，在身与境的二元中，学会跳离有无、生灭之区分，不在对待之中挣扎。

“真人”的人格理想，当然是庄子之发明。庄子对于“真”的渴望和追求，既不是放在“物”上也不是放在“知”上，而是放在“生”上。因此，庄子才把人生与知识之间的矛盾揭示出来，如《养生主》说：

> 吾生也有涯，而知也无涯。以有涯随无涯，殆已；已而为知者，殆而已矣。①

人的物理生命是有限的，而物的世界却是广袤无垠的，加上物质世界的变动不居和认识主体间的差异，所以由此形成的“知”也是纷纭变化、无有定论的。

人面对物而形成的“知”，并未成为道家、道教探讨真理的存在方式。相反，道家、道教所侧重的却是人生之“真”，外在世界未能成为反映个人力量的一面镜子，而人自身则被当成了外在世界的一面镜子，认为人回到自身就可以窥探到整个世界之“知”，如《道德经》第47章所言：

> 不出户，知天下。不窥牖，见天道。其出弥远，其知弥少。是以圣人不行而知，不见而名，不为而成。②

老子探求真理和知识的方式并不是投身物质世界当中去实践，而是返回自我内心之中，认为人可以通过回归内心来验证和体悟大道，大道被体悟和验证了，就可以知道世间的一切，因为道即一切，一切即道。

道即真理，这是道家所奠定的“真理观”，所以在道教的典籍当中，

---

① ［清］郭庆藩.庄子集释.诸子集成，第3册.北京：中华书局，1954年，第54页。

② ［晋］王弼.老子注.诸子集成，第3册.北京：中华书局，1954年，第29页。

“道”往往与“真”联系在一起，即“真道”，如《太平经》所言：

> 是故古者大圣三皇，常自旦夕力学真道，见不好学真道者，名为无道之人。夫无道之人，其行无数，天之大重怨。夫无道之人，本天不欲覆盖，地不欲载也，神灵精鬼所不欲佑，天下所共苦也。①

无道之人即是丧真之人，人之所以丧真，按《太上老君说常清静妙经》的说法即是“众生所以不得真道者，为有妄心。既有妄心，即惊其神。即惊其神，即著万物。即著万物，即生贪求。即生贪求，即是烦恼。烦恼妄想，忧苦身心，便遭浊辱，流浪生死，常沉苦海，永失真道。”②从道而心，从心而神，从神而物，由物而情。道门看待世界的认知方式，是从内而外的逻辑理路。

真道包括哪些内容呢？《太平经》对此有论：

> 有上古大真道法，故常教其学道、学德、学寿、学善、学谨、学吉、学古、学平、学长生。所以尽陈善者，天之为法，乃常开道门；地之为法，常开德户。古之圣贤为法，常开仁路。故古者圣贤，与天同心，与地合意，共长生养万二千物，常以道德仁意传之，万物可兴也；如以凶意传之，凡物日衰少。故有道德仁之处，其人日多而好善；无道德仁之处，其人日衰少，其治日贫苦，此天地之格悬法。③

《太平经》于此所述的大真道法，其内容主要包括了道德仁义长生等观念，既有儒家的基本价值观，亦有道家道教所追求的长生久视之道。这种观念显然不太同于老庄对于儒家仁义礼智之道的批判。在老庄看来，儒

---

① 王明.太平经合校.北京：中华书局，1960年，第159页。

②《太上老君说常清静妙经》,《道藏》第11册，文物出版社、上海书店、天津古籍出版社，1988年，第344页。

③ 王明.太平经合校.北京：中华书局，1960年，第160页。

家之道，是“真道”隐遁之后而产生的，是道德的一种异化，而不是对“真道”的回归。儒家之道的本质，即是人为地设立人与人之间的尊卑贵贱，而不是遵循自然之人性，因此不具备大道之自然而然。

那如何修真呢？道教由于各派教义和思想发展阶段的不同，其修真之法亦是各有差异。隋唐之前，存思、斋醮、符箓、雷法、导引、房中、外丹黄白术等比较流行，隋唐之后，心性修炼成为后来道教修仙的主流趋势。

道教各派虽然修仙之法各有不同，但在其基本教义上，都是认可“道即真理”的理论前提和实践目标。在这种理论前提和实践目标下，道门才得以开展修真的各类实践活动，此种实践的目的，当然是为了成就自我实现的人格喻像“真人”。

道门当中对于人的各种层次，多有论述，如《太平经》所言：

> 夫人者，乃理万物之长也。其无形委气之神人，职在理元气；大神人职在理天；真人职在理地；仙人职在理四时；大道人职在理五行；圣人职在理阴阳；贤人职在理文书，皆授语；凡民职在理草木五谷；奴婢职在理财货。何乎？凡事各以类相理。
>
> 无形委气之神人与元气相似，故理元气。大神人有形，而大神与天相似，故理天。真人专又信，与地相似，故理地。仙人变化与四时相似，故理四时也。大道人长于占知吉凶，与五行相似，故理五行。圣人主和气，与阴阳相似，故理阴阳。贤人治文便言，与文相似，故理文书。凡民乱愦无知，与万物相似，故理万物。奴婢致财，与财货相似，富则有，贫则无，可通往来，故理财货也。[①]

人的层级、职责、社会分工等都被详尽地进行了叙述，按传统社会的阶层划分，一般都是官、士、农、工、商的社会层级结构，道门在此出于

---

① 王明.太平经合校.北京：中华书局，1960年，第88-89页。

宗教信仰的需要，增加了神人、大神人、真人、仙人、大道人等阶层，以对抗儒家社会所设定的社会秩序等级，希冀给各个阶层的人更高的自我理想。因此，道门此种自我实现的层级序列规定了人的一生是一个不停的上升过程，“故奴婢贤者得为善人，善人好学得成贤人；贤人好学不止，次圣人；圣人学不止，知天道门户，入道不止，成不死之事，更仙；仙不止如真，成真不止入神，神不止乃与皇天同形。”①

“神人”作为自我实现的最高层次，是仅次于真人的。而真人则成为了神人与仙人、道人、圣人、贤人、善人、奴婢之间的分水岭和桥梁。因此，《道教义枢》就谈到了修仙学道的“位业”问题：

> 义曰：位业者，登仙学道，阶业不同，证果成真，高卑有别，三乘七号，从此可明，十转九宫，因兹用辩，此其致也……释曰：位是阶序之名，业是德行之目，大论品次，释者不同。徐法师举《洞神经》云：神人、真人、仙人、道人、圣人、贤人，合共为道。
>
> 《太真科》云：鬼中立功，进登鬼仙者，皆号灵人。神者，神妙无方。真者，坚纯非假。仙者，迁升改化。道者，虚通不壅。圣者，正名制作。此义多在果入因，人言圣者，正行居心也。贤者，辩能才智。灵者，识鉴通微。前六世人得道之名，后一鬼神得道之称。②

道门之所以设定这样的自我实现序列，其实是希望给予修道者追求真理的更多勇气、动力和更高目标，希冀求道之人在宗教性的允诺之中超脱儒家之道所设定的世俗等级序列，脱离常识世界的二元对立，步入一种纯粹独一的精神世界，从而体悟到生命的纯粹欢乐。

总而言之，道门追求真理的方式，不是像科学那样探究客观的物质世界，把外在世界当作反映自我意志的一面镜子和试验场，具体而微地通

---

① 王明.太平经合校.北京：中华书局，1960年，第222页。

② 《道教义枢》卷1,《道藏》第24册，文物出版社、上海书店、天津古籍出版社，1988年，第808页。

过人的逻辑、语言来分析、归纳、推理，从而从自然界和万物中寻找自我的价值所在，探究宇宙的“逻各斯”。道门虽然在外丹黄白术当中也致力于探究万物的一些特性，但是其采用的方法和目的却是极为功利和宗教性的，带有神秘色彩地看待自然界，未能以去魅的方式探究万物之本，而是以追求得道成仙的方式来理解自然界及万物。

结　语

一、自我观之实质

道门人士追求得道成仙长生不死的梦想，究其实质，主要在于道人对于人世生活的深刻洞察。这种洞察，即是认识到了我们生活世界的基本限度：时间与物质。人生活在世间的长河之中，作为个体的人，自然生命是被物理时间所规定，即从生到死这样的自然进程。同时，人作为物质体，必须依赖他物、他人而存活，因此物质的需求亦成为人在世存在的基本条件。在面对这样的生存事实面前，道门人士希冀超越时间和物质的二重限度，通过践履各类方术来实现长生久视的深层欲求，以反抗时间、物质所带给个体的局限。

1.反抗时间：欲求长生不死

道教修行，本质而言，是要反抗人作为动物的各种欲望。但是，其深层次最高的欲望却是追求长生不死。为何要追求不死呢？因为人会死。人从出生的那一刻开始，到去世的那一刻结束，构成了人的“在世”。从“出世”“在世”到“去世”，构成了人的物理时间，亦是人的自然生命长度。

如我们前面所言，人的自我意识觉醒于人知道自己必有一死。只有死亡本身，才深刻地彰显了个体生存的危机：人的不可重复性、独特性和不可复制性。为了维系个体自我的生存限度，道门希冀通过各类修仙的方术来对抗“人之必死”这一生存论事实。

在对待死亡的问题上，道门人士指出了常人对于死亡的一般情绪是“乐生畏死”。人之所畏，一方面是对具体之物的“畏”，另一方面则是对不可见之物的“敬”。可见之物彰显了其自身所具有的危险性，如名、利、权、色、情等，这些具体之物对于人的身心皆是一种束缚和戕害。因此，从修道者个人追求长生不死的角度而言，当放弃这些意志和欲求。而人之所乐，即是人世的万物，希冀通过占有万物来获得成就感和自我认同感。但是，这些东西在道门修道者看来，万物皆无常，自身无有长存于世的特性，加上人世之乐对于修道者身心之害，所以不利于道门追求长生久视的形而上目标。

世间万物和人所具有的“无常”本性，反映了人与万物必须生存于时间的安排之中，时间之河所具有的本性，即是使得人看到其有限。因而知道人世无常，万物生灭无穷，所以人才会醒悟宇宙之中“何者长存”的问题，即“不朽”。

可以说，道门对于“神仙”这一喻像的确信，其实质就是对于“不朽”的渴望。而人要渴望“不朽”，就在于其“有朽”。人的此种有死性，揭示了人存在于世的悖论：人希冀以有朽之身来求不朽之事。这点，可以在早期道教修仙的许多方术当中可以得到应证。早期道教所重视的斋醮、符箓、房中、导引、外丹黄白术等，无不以追求身体的不朽为其要务，希望早日飞升，炼就不朽肉身。随着“固形”之术的失败，在隋唐之后，道门修仙的主流思想开始注重追求精神不朽，各种内丹修炼之术着力于追求“元神”的不死，人的心性问题开始成为道门修仙探讨的主要话语范畴。

无论是求形不朽，还是神不死，其目的都是为了对抗生死，而生与死够成了一个人的“在世”时间。为避免落入生死轮回，唯一的办法，就只有超越生死这一道路。要完成此种超越，必定需要先认可和预设一个“不朽”来作为超升之根本、目标和归宿。

在这样的心理诉求和需要下，“道”就被赋予了“不朽者”的意义。

道作为存在，其根本特性是不变。面对变动不居的现实世界，唯有以追求“不变者”作为理论和实践上的逻辑前提。而道与物、与人之间亦异亦同。所异之处在于道属不朽，人、物则有生有灭。所同之处，则在于道遍万物，万物皆有道性。修道者正是在此种信念下，早期的外丹黄白之术才希冀从矿物之中提炼金丹，希望通过服食与道特性相近的金丹来达致长生不死。在由物而求道的过程之中，道门人士发现了物所具有的局限，进而转入对人体的发掘。在对人的发掘过程中，强调以人体为鼎炉、以精气神为药物，希望炼就金丹大药，从而实现长生不死的梦想。

2.反抗物质：渴望不为物役

我们知道，老庄的思想当中，对于物的批判，多是从束缚的角度来谈的，认为功名、利禄、权色等对于人修道求真是一大障碍，会放纵个体的欲望而不能看到尽头。因此，老庄对于人世之中的“物”时刻保持警醒和审慎的态度，主张不为物役，以寡欲清心、坐忘心斋等方式来保证个体之自由，而不会过多地攫取外物来满足人的欲求。

顺着老庄所开创的这条清静无为、节欲保精的思想道路，道教对于“物”的态度亦是保持了批判和审慎。物对于修道求真的束缚性，如我们正文所述，道门人士是具有非常清醒的认识，他们看到了物的非持久性和物的危害性。在对物的态度上，道门继承了老子所强调的“为而不恃”态度，不将万物视为已物，而是采取“物化”的方式，与万物融为一体。

物之所以能够对修道者造成危害，最主要的还是在修道者自身，即人心的贪欲和渴求。因而，心物问题亦成为了道门修道所必须面对的一个现实和理论问题。在对物的问题上，从现实考量，道门一方面必须依赖外物来修道，比如外丹黄白术对于各类矿物、植物等的依赖；另一方面，从精神修炼的角度而言，道门则主张心要远物，不为物役，保持心灵相对的自由和平静，不为外物所动。因而，物一要为我所用，二则要远物而行。

从道教自身的思想教义发展而言，早期道教的修仙主流，比如导引、房中、辟谷、斋醮、符箓、外丹黄白术等都必须在一定程度上依赖于物来实现，生活世界的物质性及人的物质性需求决定了修道之人不可能放弃对于物的依赖。到了隋唐之际，随着道教心性学的兴起，道门的修仙主流开始由对外物的依赖转入了对人内心精神世界的探讨，内丹心性学成为了这一时期道教的修仙主流。

内丹心性之学在本质上而言，是对传统修仙方式的革命，其根本意义即是由物而心、由外而内地转变道教的修仙理念和实践方法，破除了道门对于“物”的迷信与依赖。而在这些物当中，其中最为重要的即是“人身”。人身的易朽性在隋唐之际道教文献当中多有阐述和批判，面对人身的有朽，道门只能转入到人之内心之中，以寻求他们认为“不朽”的东西，即元神或者说本心、本性、道性等别名。

总而言之，道门对于物的态度，一方面是物为我用，另一方面则是不为物役。在这样的博弈之中，道门既看到了人对物的依赖性，亦看到了物对人的危害性。如果说老庄主张人对物尽量减少依赖性的话，那么，道教则主张人对物是既用又防的态度。在用与防之间，力图找到二者之间的平衡点，以维系自身的物质需求和精神炼养。

二、自我观之特点

1. 纯阳无阴

道门的集体自我喻像即为“神仙”，而道门对于神仙的理解，是基于对比来显现的。与人对比，人是阴阳合体，由夫精母血交媾而成，因此人不是纯阳之物，而是阴阳和合而成。与鬼相比，鬼是纯阴之物，无有半点阳气。这样，神仙在道门看来，就是纯阳之体，无有半点阴气，如翁明渊在《悟真篇注释》中谈道：

> 夫虚无大道肇生一炁，一炁判为阴阳。故至阳之炁轻清，覆冒于上，谓之天。至阴之炁重浊，负载于下，谓之地。积纯阳之炁飞升于天者，仙也。积纯阴之炁沉沦于地者，鬼也。禀一阴一阳之炁，不升不沉之躯，处乎天地之中，可仙可鬼也。是故人能知修炼，剥尽群阴

> 而形化为纯阳之炁，则升仙矣。不知修炼，日耗元阳，而体化为纯阴之炁，则下鬼矣。①

人要想获得纯阳之体，只有通过修炼，将身上的阴气剥尽，方可以升仙。人在此被看成阴阳之体，生于天地之间，因而可以为鬼为仙。如果常人顺从自然规律的推进，不对抗天命，那么就会自然死亡，变而为鬼。如果早早修道，领悟人世无常，不贪恋世俗之乐，就会舍身入道，勤修苦练，求得至道，剥尽人身阴气，炼就纯阳之体，得道飞升。

对“纯阳”的渴望，反映在道门之中，可以有很多例子。首先，如道士当中的许多名号吕纯阳、王重阳、马丹阳、王昆阳等；其次，在道书当中，对于纯阳亦是多有论述，如杜光庭在《太上老君说常清静经注》中说：

> 夫人在于母腹之中受胎之日，皆禀天地阴阳之炁，以成其形，禀天地纯阳之炁者，以成其男……禀天地纯阴之炁者，以成其女。②

此外，尹志平在《清和真人北游语录》中对此亦有强调：

> 凡居阴阳之中者，莫不有数。所以人不能出阴阳壳中，惟天上无阴无阳，是谓纯阳。③

道门追求纯阳的实质，其实就是对于“纯粹”的渴望。现实生活驳杂不堪，物论四起，是非不断，实践活动天生就具有变动不居的特性。因

---

① 《悟真篇注释》卷中，《道藏》第3册，文物出版社、上海书店、天津古籍出版社，1988年，第12页。

② 《太上老君说常清静经注》，《道藏》第17册，文物出版社、上海书店、天津古籍出版社，1988年，第184页。

③ 《清和真人北游语录》卷1，《道藏》第33册，文物出版社、上海书店、天津古籍出版社，1988年，第155页。

而，要想抓住人世的本质，就得追求一个不变之“纯粹”来作为奋斗的目标，希望一劳永逸地面对现实世界的混乱、变化和繁杂，认为修得至道之后，炼就纯阳之体就可以解决人生的许多烦恼、困惑，从而实现身国同治的目标。

2.形神俱妙

形神问题一直是道门修炼自我所关心的，形与神的关系，在道门的修炼过程之中，不同时期所占的主导地位多有不同。在隋唐之前的修仙主流之中，如我们前面所述，所重的是固形之术，希望通过各类方术来达致形体的不朽，求得早日飞升。隋唐之际，道门开始吸收佛教的心性之学，进而关注人的元神不死，对神的重视占据了修仙的主流，肉体的易朽性受到了批判。

但总体而言，道门的修仙主流虽然各个时期不同，但其核心还是主张形神兼修。为何呢？根本在于形神之间不可分离，二者相生相成，如《无上秘要》卷5说：

> 老子曰：神生形，形成神，形不得神而不能自生，神不得形而不能自成。故形神合同，更相生，更相成。①

最为根本而言，形神之不可分，还是在于人不可能离身而存于世，如果身体没有了，那么，谈论其他的一切都无有可能。

虽然形神不可分，但是在道门看来，神才是至为根本的。为何呢？因为形非长久，终有一死，如《太上老君内观经》云：

> 道无生死，而形有生死。所以言生死者，属形不属道也。形所以生者，由得其道也。形所以死者，由失其道也。人能存生守道，则长

① 《无上秘要》卷5，《道藏》第25册，文物出版社、上海书店、天津古籍出版社，1988年，第14页。

存不亡也。[①]

道属无形，道之显现方式，即是以神妙无方来展示的。因此，形与神的关系，其实归之于老庄的哲学术语，即是有与无的关系。有无作为道显现的不同方式，展示了道与万物之间的微妙。万物因道而生，但万物不是道。道因万物而显其神妙，道不是万物。具体到人的身上，则是精、气、神三者。精气属于形之范畴，神则属于道之所托，如《杂著捷径》说：

> 精者神之本，气者神之主，形者神之宅也。故神太用则歇，精太用则竭，气太劳则绝。是以人之生者神也，形之托者气也。若气衰则形耗，而欲长生者，未之闻也。夫有者因无而生焉，形须神而立焉。有者无之馆，形者神之宅也。倘不全宅以安生，修身以养神，则不免于气散归空，游魂为变。[②]

精、气（形）、神，决定了道门要实现自我超越必须三者兼顾，过于侧重于修精炼气，就会剑走偏锋，落入旁门左道；过于重神轻形，则会形容枯槁，落入空寂。到了内丹心性学这里，道门开始喜欢用性、命来讨论早期的精气神范畴和形神范畴。如金丹南宗和北宗，都主张性命双修，其核心思想其实就是原来道教所重视的形神俱妙理想。

形神问题的实质，其实就是灵与肉的问题。道门认为人身为心灵之拖累和祸患之源，人的自我要追求得道成仙，长生久视，就不得不以心灵而依归，放弃肉身之欲求。但是，道教对于灵肉关系的看法，却并不主张二者的决然对立，而是看到二者之间相互依赖、相辅相成，没有走上绝对的

① 《太上老君内观经》,《道藏》第11册，文物出版社、上海书店、天津古籍出版社，1988年，第397页。

② 《修真十书杂著捷径》卷24,《道藏》第4册，文物出版社、上海书店、天津古籍出版社，1988年，第707页。

苦修主义、禁欲主义。

3. 主静厌动

道教徒所追求的理想存在状态，其实是老庄的主静学说。对于变动不定的物质世界和心灵世界，道教的修行者都有一种恐惧和逃避。物质世界注定是变动不定的，用道门的话即是迁流不定，无有恒常。人心亦是变动不居的，人心的变动不定就在于心容易受物质世界的影响，同时亦受身体意志的驱使而激荡不已。

为了应对动的内外世界，道门就主张以静的方式来解决。为达致静谧之境，在道门的各类方术活动之中，斋戒是必不可少的前提准备。斋戒的目的，就是为了让身心得以平静下来，使得人的精神不外驰，能够专注于修道之中，从而实现与神之交通。

变动不定的现实世界反映的是万物之无常，也暴露了实践活动的不确定性。为应对不确定性，道门秉承老庄之道，将老庄之道下降为长生不死之道，妄图以不死来对抗人之有死，人能不死，那么世间一切变动不居对他而言就不构成心灵的激荡和身体的伤害，而是以一种平静、淡定的方式来旁观这个世界。

作为旁观者，对于生老病死、荣辱兴衰，道门主张一种宠辱不惊的方式来看待之，人要做到宠荣不惊，就得心不外驰，安静祥和，能够看淡、看轻和看惯人世的一切变动。在这种平静当中，欲、情 、知无不被直觉性的体悟所替代，欲、情、知的基本预设是世界的主客之分，有主客之分，人心就会外驰，人心外驰，就会惊扰精神之静。

道教自我观所追求的此种存在状态，更多的是倾向私人性，其所注重的是私人性的体悟，试图让每个人能够重返自身，审视自己的各种欲、情、知。在审视自身的同时，对外在变动的世界保持一颗超然物外的静心，作为旁观者的自我其实有很多冷漠和无奈。冷漠代表了与世之已无关，无奈代表了对世之无能。在无关与无能之间，道人之自我以舍弃个人意志的方式求得了自由之心。

三、简要评析

道门人士的自我意识，从其本质而论，是一种群体性的自我意识，亦即他们缺乏的是一种真正意义上的自我，自我或自身没有形成独立的个体人格，不敢直面人的个体性，而是诉求于一种集体自我的喻像表达："神仙"。道门人士的"神仙"喻像更多的是侧重于人的普遍性，缺乏一种鲜明的个性魅力，他们所追求的共同人格特征多于每个个体的单独特征，个体的生存意愿、欲望、情感等被有意无意地进行压抑、转移和升华，个体被巧妙地隐藏于集体的神性构造中，以放弃个人的自我意愿来达致一种"无我"的宗教性追求。

1.重共性，轻个性

道门对于人的描述，更多的是从共性角度来阐述。首先从人身的孕育来看，多主张十月怀胎，阴阳造就，精、气、神构成其主体，魂、魄构成其要件，以道生气化的生成论来归纳人之孕育和出生。其次，从人心的构成上看，认为人心本纯，心分真、妄，真心实在，妄心无常。复次，从人性的历史演化来看，上古三皇之世人性淳朴，中古以降则人性败坏，无复过去之实在，因而主张通过修道来复性。最后，从自我实现之目标而言，认同得道成仙的自我实现之路，神仙人格成为道门人士人格实现的集体喻像。

但从个人性格而言，构成个人性格特质的言、行、情、欲、知等特性却不够明显，为服务于得道成仙的集体人格喻像，道士个人的言、行、情、欲、知等被深深地隐藏、压抑、转换和升华，如道门对于修道之中人我是非、情欲境知等现实、心理、精神内容的剔除和批判，无不反映了道教修行所追求的这样一种集体人格。

个性体现的是修道者作为独特个体的根本规定，而道门对于人的规定却是在存在论上以"道"作为集体喻像，在落实到具体的目标上，则是以"神仙"作为个体实现的人格喻像。无论是道，还是神仙，其所具有的集体喻像意味更浓，而作为修道者的独特性却彰显不够。

2.重自由，轻意志

自由与意志的问题，在道教的教义当中其实是一个核心问题。道门所追求的神仙喻像，其实就是人追求自由的另一种表达。从解脱束缚的角度而言，道门希望从物欲、情劳、知累等现实、生理、心理、精神等各方面的束缚当中得以解脱自我，其追求自由的方式，一方面强调“道”这一存在论的解脱根据和皈依目标，另一方面，则是要通过各类“术”来达致这种目标。

道门之术，如符箓、斋醮、存思、导引、外丹、内丹等，无不强调神人之间的沟通，而要完成神人之沟通，就需要修道者首先必须斋洁身心，斋戒对于道门的重要可以从道经的记述当中可以看到，如《洞真太上太霄琅书》卷6说：

> 凡学法亦斋，合丹亦斋，入山亦斋，传经亦斋，八节亦斋，甲子庚申太岁之日本命亦斋，富贵亦斋，贫穷亦斋……①

斋的目的，就是为了让身心走向空寂、专注、无杂念，从而能够与神交流，释放身心的束缚，达致一种自由的状态。为达致此种自由的状态，道人必须谢绝世间俗务，克制自身的各种情、欲、知等，使得身心无有妄情杂念，专心向道，因此学法、合丹、入山、传经、八节、本命、富贵、贫穷等事，无不需要通过斋戒来达致此种虚空、自由的境界。

我们知道，儒家为了达致社会的理想状态，其主张的是以牺牲个人自由的方式来实现集体意志。此种集体意志，具体表现就是儒家的伦常之德：仁、义、礼、智、信，这些美德无不是与他人发生关联的。在与他人的关联中，最为重要的关系就是君臣、夫妇、父子、兄弟、朋友等五伦。儒家之人可以说是生活在人际关系网中，其所重的是人情，所追

---

① 《洞真太上太霄琅书》卷6，《道藏》第33册，文物出版社、上海书店、天津古籍出版社，1988年，第683页。

求的是人伦，所实现的是人圣。要实现从小人、君子这些常见的人格形态以至达到圣人的境界，儒家之人不得不以放弃个体的自由来实现此种群体意志，如儒家所推崇的忠、孝就反映群体意志对于个人人格自由的抹杀。

因而，先秦的老庄就着力批判儒家之德对于自然之道的违背，亦即个人自由受到了儒家人伦的压制，儒家通过人为地因素来划分人与人之间的各种等级，比如君臣、父子、夫妻、凡圣等，人为地划出尊卑、贵贱、上下等鸿沟，以功名仁义之道来引起和安抚人世纷争。这些手法，在道家看来是非道的行为。但是，儒家作为封建统治者的意识形态，恰好为封建集权提供了很好的理论论证和哲学依据，所以儒家的价值成为了中国封建社会的主流价值观和主要统治手段，因此道家不可能通过现实的革命运动来反抗儒家这一封建王权的理论基石，只能通过言论上的批判来消解儒家之道的“人为性”。

老庄是通过消解人之“我”来达致“无我”的，而常人之“我”即我的欲望、愿望、情感、求知等生存性的东西，这些东西组成了人之为我的基本生存要素。为达致“无我”之境，老庄的路数不是通过提高社会的生产力、改善人的生活境况等方式来谋求个体权利的实现，而是在当时的乱世之下，看到了个体之无能、无奈和绝望，只能在实现自保的境况之下来实现内心的解放，而不是现实的解放，即通过改变社会的无道来达致个体的实现。相反，老庄则主张远离儒家之道的群体性，投入到自然无为的心灵状态之中求得解脱。

循着老张之道的逻辑，道门一方面主张通过有为的各类方术来实现长生不死之梦，另一方面同样主张通过放弃个人的生存意志来求得自由之身。道门修道中的各种禁忌和戒律，无不是针对修道个体各种外在、内在的欲望、情感和理性，而欲望、情感、理性等则是个体生存意志的直接体现。这些意志性的东西，反映的恰恰是个体生存的冲突，为覆灭这些不利于修道的种种欲求，道门主张通过戒律和自律的方式来压抑、转移和升华它们，从而为追求身心之自由解脱而奠下基石。

3.重本心，轻人心

道人修道的逻辑起点和终点其实就是人之身与心。对身体意志的拒绝、防范、压抑、转移和升华，是为了成就心灵的自由。在身心之间，其所设定的逻辑二元即为本性和人性之分。本心代表了人存在的本然状态，此种状态代表了人性曾经的乌托邦，而现实的人心则代表了个体存在的真实境遇，它是冲突、矛盾等各种二元的混合物，而不是单一、纯粹的独立实在。

道门认为人存在着本心，而且本心自身是纯净无比，天生良善，而人之所以走向堕落的人性现实，就在于本然之心、本然之性受到了外境和欲念的污染，不能重现心灵的光芒。因此，道门主张通过修行的方式来重返人之本性，使得人心之光重新得以显现，以此照耀人心的阴暗。

本心所代表的是人存在的理想状态，而人心的复杂则代表人存在的真实处境和悖论。人心的悖论性在于人是灵与肉的综合体，人不可能脱离肉身而存在，同时也不可能只有肉身性的存在来维持人的生活。人在形而上与形而下的生存境遇之中挣扎自身。此种挣扎和抗争，其实就是身心之间的矛盾所在。身体所需要的是各种欲、情、知，而心灵则需要走向空寂之地，不被欲、情、知所束缚。人要维持自身的生存，身体性的需求是基本的，但如果过分注重身体的需要而忽略了心灵，那么人则会因自身的贪求而造成对他人、他物的占有、剥夺和侵犯。因此，道门主张通过“物我两忘”的方式来解决人心之贪欲，以回到大道之世下的本心状态。

道门对本心与人心的关系，认为与金与矿的关系相类似。金藏于矿之中，要取得金矿，唯有通过千锤百炼的修行来达致，最终让金矿显现。如果我们进一步追问，本心与人心为何不是毛与皮的关系呢？皮之不存，毛将焉附？人心的复杂，并非如此这般清晰明了，善恶之间也并非那么容易区分。道门对于人心和本心的划分与确信，其实是出于修行的需要，而非正视人心的混合性和不可分性。

参考文献举要

原典类

1.王明点校：《太平经合校》，北京：中华书局，1960年

2.王明：《抱朴子内篇校释》，北京：中华书局，1985年

3.王卡点校：《老子道德经河上公章句》，北京：中华书局，1993年

4.《上清大洞真经》，《道藏》第1册，文物出版社、上海书店出版社出版社、天津古籍出版社，1988年

5.《洞真太上素灵洞元大有妙经》，《道藏》第33册，文物出版社、上海书店出版社、天津古籍出版社，1988年

6.《太清太上八素真经》，《道藏》第6册，文物出版社、上海书店出版社、天津古籍出版社，1988年

7.《洞真太上八素真经精耀三景妙诀》，《道藏》第33册，文物出版社、上海书店出版社、天津古籍出版社，1988年

8.《洞真太上八素真经三五行化妙诀》，《道藏》第33册，文物出版社、上海书店出版社、天津古籍出版社，1988年

9.《洞真太上八素真经占候入定妙诀》，《道藏》第33册，文物出版社、上海书店出版社、天津古籍出版社，1988年

10.《上清太一帝君太丹隐书解胞十二结节图诀》，《道藏》第34册，文物出版社、上海书店出版社、天津古籍出版社，1988年

11.《上清九丹上化胎精中记经》，《道藏》第34册，文物出版社、上海书店出版社、天

津古籍出版社，1988年

12.《抱朴子外篇》,《道藏》第28册，文物出版社、上海书店出版社、天津古籍出版社，1988年

13.《刘子》,《道藏》第21册，文物出版社、上海书店出版社、天津古籍出版社，1988年

14.《素履子》,《道藏》第21册，文物出版社、上海书店出版社、天津古籍出版社，1988年

15.《无能子》,《道藏》第21册，文物出版社、上海书店出版社、天津古籍出版社，1988年

16.《玄珠录》,《道藏》第23册，文物出版社、上海书店出版社、天津古籍出版社，1988年

17.《道体论》,《道藏》第22册，文物出版社、上海书店出版社、天津古籍出版社，1988年

18.《天隐子》,《道藏》第21册，文物出版社、上海书店出版社、天津古籍出版社，1988年

19.《宗玄先生文集》,《道藏》第23册，文物出版社、上海书店出版社、天津古籍出版社，1988年

20.《三论元旨》,《道藏》第22册，文物出版社、上海书店出版社、天津古籍出版社，1988年

21.《大道论》,《道藏》第22册，文物出版社、上海书店出版社、天津古籍出版社，1988年

22.《乾元子三始论》,《道藏》第4册，文物出版社、上海书店出版社、天津古籍出版社，1988年

23.《化书》,《道藏》第23册，文物出版社、上海书店出版社、天津古籍出版社，1988年

24.《庄列十论》,《道藏》第32册，文物出版社、上海书店出版社、天津古籍出版社，1988年

25.《太虚心渊篇》,《道藏》第23册，文物出版社、上海书店出版社、天津古籍出版社，1988年

26.《六根归道论》,《道藏》第32册，文物出版社、上海书店出版社、天津古籍出版社，

1988年

27.《明真破妄章颂》,《道藏》第19册，文物出版社、上海书店出版社、天津古籍出版社，1988年

28.《三十代天师虚靖真君语录》,《道藏》第32册，文物出版社、上海书店出版社、天津古籍出版社，1988年

29.《岘泉集》,《道藏》第33册，文物出版社、上海书店出版社、天津古籍出版社，1988年

30.《重阳立教十五论》,《道藏》第32册，文物出版社、上海书店出版社、天津古籍出版社，1988年

31.《重阳全真集》,《道藏》第25册，文物出版社、上海书店出版社、天津古籍出版社，1988年

32.《重阳教化集》,《道藏》第25册，文物出版社、上海书店出版社、天津古籍出版社，1988年

33.《重阳真人授丹阳二十四诀》,《道藏》第25册，文物出版社、上海书店出版社、天津古籍出版社，1988年

34.《重阳真人金关玉锁诀》,《道藏》第25册，文物出版社、上海书店出版社、天津古籍出版社，1988年

35.《丹阳真人语录》,《道藏》第23册，文物出版社、上海书店出版社、天津古籍出版社，1988年

36.《丹阳真人直言》,《道藏》第32册，文物出版社、上海书店出版社、天津古籍出版社，1988年

37.《洞玄金玉集》,《道藏》第25册，文物出版社、上海书店出版社、天津古籍出版社，1988年

38.《丹阳神光灿》,《道藏》第25册，文物出版社、上海书店出版社、天津古籍出版社，1988年

39.《渐悟集》,《道藏》第25册，文物出版社、上海书店出版社、天津古籍出版社，1988年

40.《水云集》,《道藏》第25册，文物出版社、上海书店出版社、天津古籍出版社，

1988年

41.《无为清静长生真人至真语录》,《道藏》第23册，文物出版社、上海书店出版社、天津古籍出版社，1988年

42.《仙乐集》,《道藏》第25册，文物出版社、上海书店出版社、天津古籍出版社，1988年

43.《磻溪集》,《道藏》第25册，文物出版社、上海书店出版社、天津古籍出版社，1988年

44.《清和真人北游语录》,《道藏》第33册，文物出版社、上海书店出版社、天津古籍出版社，1988年

45.《晋真人语录》,《道藏》第23册，文物出版社、上海书店出版社、天津古籍出版社，1988年

46.《葆光集》,《道藏》第25册，文物出版社、上海书店出版社、天津古籍出版社，1988年

47.《盘山栖云王真人语录》,《道藏》第23册，文物出版社、上海书店出版社、天津古籍出版社，1988年

48.《云山集》,《道藏》第25册，文物出版社、上海书店出版社、天津古籍出版社，1988年

49.《离峰老人集》,《道藏》第32册，文物出版社、上海书店出版社、天津古籍出版社，1988年

50.《真仙直指语录》,《道藏》第32册，文物出版社、上海书店出版社、天津古籍出版社，1988年

51.《诸真内丹集要》,《道藏》第32册，文物出版社、上海书店出版社、天津古籍出版社，1988年

52.《悟真集》,《道藏》第35册，文物出版社、上海书店出版社、天津古籍出版社，1988年

53.《洞渊集》,《道藏》第23册，文物出版社、上海书店出版社、天津古籍出版社，1988年

54.《上清太玄集》,《道藏》第23册，文物出版社、上海书店出版社、天津古籍出版社，

1988年

55.《上清太玄鉴诫论》,《道藏》第24册，文物出版社、上海书店出版社、天津古籍出版社，1988年

56.《析疑指迷论》,《道藏》第4册，文物出版社、上海书店出版社、天津古籍出版社，1988年

57.《中和集》,《道藏》第4册，文物出版社、上海书店出版社、天津古籍出版社，1988年

58.《清庵莹蟾子语录》,《道藏》第23册，文物出版社、上海书店出版社、天津古籍出版社，1988年

59.《纸舟先生全真直指》,《道藏》第4册，文物出版社、上海书店出版社、天津古籍出版社，1988年

60.《启真集》,《道藏》第4册，文物出版社、上海书店出版社、天津古籍出版社，1988年

61.《抱一子三峰老人丹诀》,《道藏》第4册，文物出版社、上海书店出版社、天津古籍出版社，1988年

62.《抱一函之秘诀》,《道藏》第10册，文物出版社、上海书店出版社、天津古籍出版社，1988年

63.《玄教大公案》,《道藏》第23册，文物出版社、上海书店出版社、天津古籍出版社，1988年

64.《玄宗直指万法同归》,《道藏》第23册，文物出版社、上海书店出版社、天津古籍出版社，1988年

65.《上阳子金丹大要》,《道藏》第24册，文物出版社、上海书店出版社、天津古籍出版社，1988年

66.《还真集》,《道藏》第24册，文物出版社、上海书店出版社、天津古籍出版社，1988年

67.《无上秘要》,《道藏》第25册，文物出版社、上海书店出版社、天津古籍出版社，1988年

68.《大道通玄要》,《中华道藏》第28册，北京：华夏出版社，2004年

69.《三洞珠囊》,《道藏》第25册，文物出版社、上海书店出版社、天津古籍出版社，1988年

70.《云笈七籤》,《道藏》第22册，文物出版社、上海书店出版社、天津古籍出版社，1988年

71.《太上洞渊神咒经》,《道藏》第6册，文物出版社、上海书店出版社、天津古籍出版社，1988年

72.《太上洞渊三昧神咒治病口章》,《道藏》第32册，文物出版社、上海书店出版社、天津古籍出版社，1988年

73.《太上洞渊三昧神咒斋忏谢仪》,《道藏》第9册，文物出版社、上海书店出版社、天津古籍出版社，1988年

74.《七元真诀语驱疫秘经》,《道藏》第34册，文物出版社、上海书店出版社、天津古籍出版社，1988年

75.《七元璇玑召魔品经》,《道藏》第34册，文物出版社、上海书店出版社、天津古籍出版社，1988年

76.《无上玄元三天玉堂大法》,《道藏》第4册，文物出版社、上海书店出版社、天津古籍出版社，1988年

77.《太上说玄天大圣真武本传神呪妙经》,《道藏》第18册，文物出版社、上海书店出版社、天津古籍出版社，1988年

78.《上方灵宝无极至道开化真经》,《道藏》第24册，文物出版社、上海书店出版社、天津古籍出版社，1988年

79.《墉城集仙录》,《道藏》第18册，文物出版社、上海书店出版社、天津古籍出版社，1988年

80.《清微丹诀》,《道藏》第4册，文物出版社、上海书店出版社、天津古籍出版社，1988年

81.《清微元降大法》,《道藏》第4册，文物出版社、上海书店出版社、天津古籍出版社，1988年

82.《道法心传》,《道藏》第32册，文物出版社、上海书店出版社、天津古籍出版社，1988年

83.《明道篇》,《道藏》第4册，文物出版社、上海书店出版社、天津古籍出版社，1988年

84.《道法宗旨图衍义》,《道藏》第32册，文物出版社、上海书店出版社、天津古籍出版社，1988年

85.《洞玄灵宝道要经》,《道藏》第6册，文物出版社、上海书店出版社、天津古籍出版社，1988年

86.《高上月宫太阴元君孝道仙王灵宝净明黄素书》,《道藏》第10册，文物出版社、上海书店出版社、天津古籍出版社，1988年

87.《太上灵宝净明飞仙度人经法释例》,《道藏》第10册，文物出版社、上海书店出版社、天津古籍出版社，1988年

88.《灵宝净明新修九老神印伏魔秘法》,《道藏》第10册，文物出版社、上海书店出版社、天津古籍出版社，1988年

89.《太上灵宝首入净明四规明鉴经》,《道藏》第24册，文物出版社、上海书店出版社、天津古籍出版社，1988年

90.《太上灵宝净明中黄八柱经》,《道藏》第24册，文物出版社、上海书店出版社、天津古籍出版社，1988年

91.《净明忠孝全书》,《道藏》第24册，文物出版社、上海书店出版社、天津古籍出版社，1988年

92.《灵剑子》,《道藏》第10册，文物出版社、上海书店出版社、天津古籍出版社，1988年

93.《灵宝归空诀》,《道藏》第10册，文物出版社、上海书店出版社、天津古籍出版社，1988年

94.《洪恩灵济真君愿文》,《道藏》第9册，文物出版社、上海书店出版社、天津古籍出版社，1988年

专著类

1. [苏] 科恩:《自我论》，北京：三联书店，1986

2. 卿希泰:《中国道教史》(修订本)，成都：四川人民出版社，1996

3.姜生:《宗教与人类自我控制——中国道教伦理研究》，成都：巴蜀书社，1996
4.卿希泰:《刍荛集》，成都：巴蜀书社，1997
5.卿希泰:《续·中国道教思想史纲》，成都：四川人民出版社，1999
6.张钦:《道教炼养心理学引论》，成都：巴蜀书社，1999
7.唐大潮:《明清之际道教“三教合一”思想论》，北京：宗教文化出版社，2000
8.李大华:《生命存在与境界超越》，上海：上海文化出版社，2001
9.盖建民:《道教医学》，北京：宗教文化出版社，2001
10.詹石窗:《道教文化十五讲》，北京：北京大学出版社，2003
11.詹石窗:《身国共治：政治与中华传统文化》，厦门大学出版社，2003
12.杨玉辉:《道教人学》，北京：人民出版社，2004
13.马小虎:《魏晋以前个体“自我”的演变》，北京：中国人民大学出版社，2004
14.郭武:《〈净明忠孝全书〉研究：以宋、元社会为背景的考察》，北京：中国社会科学出版社，2005
15.李刚:《重玄之道开启众妙之门：道教哲学论稿》，成都：巴蜀书社，2005
16.盖建民:《道教科学思想发凡》，北京：社会科学文献出版社，2005
17.朱滢:《文化与自我》，北京：北京师范大学出版社，2007
18.卿希泰:《道教文化与现代社会生活研究》，成都：巴蜀书社，2007
19.卿希泰:《卿希泰论道教》，上海科学技术文献出版社，2008
20.丁培仁:《增注新修道藏目录》，成都：巴蜀书社，2008
21.张广保:《道家的根本道论与道教的心性学》，成都：巴蜀书社，2008
22.朱展炎:《驯服自我——王常月修道思想研究》，成都：巴蜀书社，2009年
23.卿希泰、詹石窗:《中国道教思想史》(1–4)，北京：人民出版社，2009年
24.刘恒:《心性灵明之阶——早期全真道情欲论思想研究》，成都：巴蜀书社，2010年
25.雪漠:《光明大手印实修心髓》(上下卷)，北京：中央编译出版社，2011
26.陈兵:《佛教生死学》，北京：中央编译出版社，2012
27.朱越利:《理论·视角·方法——海外道教学研究》，济南：齐鲁书社，2013
28.丁培仁:《元前道派史研究》，成都：四川人民出版社，2014
29.刘仲宇:《道教授箓制度研究》，北京：中国社会科学出版社，2014年

30. 程乐松：《身体、不死与神秘主义：道教信仰的观念史视角》，北京：北京大学出版社，2017

31. 盖建民：《生命道教暨卿希泰先生道教学术思想研究国际论坛文集》，成都：巴蜀书社，2020年

期刊类

1. 赵甲明：《马斯洛自我实现说评析》，《清华大学学报》（哲学社会科学版），1992年第1期

2. 张琼：《中国传统自我观溯源》，《郑州大学学报》（哲学社会科学版），1992年第2期

3. 张耀楠：《试论〈庄子〉之“吾”和“我”的差别及其与“己”的关系》，《湘潭大学学报》1992年第2期

4. 张琼：《论孔子自我观》，《福建论坛》（人文社会科学版），1992年第1期

5. 杨国荣：《超越本然的自我》，《思想战线》，1993年第1期

6. 黄忠晶：《马克思博士论文中的自我意识观初探》，《探索》1993年第2期

7. 张宗庆：《试论自我意识的内在结构及其功能》，《南京社会科学》，1993年第6期

8. 傅小凡：《论刘宗周的自我观》，《厦门大学学报》（哲学社会科学版），2000年第2期

9. 陈静：《“吾丧我”——〈庄子·齐物论〉解读》，《哲学研究》2001年第5期

10. 李刚：《成玄英的人生哲学评说》，《四川大学学报》2001年第1期

11. 张文喜：《论自由主义的形而上“自我观”的限度》，《西南民族学院学报》（哲学社会科学版），2002年第2期

12. 李刚：《道教生命哲学的特性》，《江西社会科学》2004年第9期

13. 葛红兵：《中国思想的一个原初立场——公元3世纪前中国思想中“身”的观念》，《探索与争鸣》，2004年第12期

14. 顾红亮：《龚自珍自我观及主体性哲学的开端》，《学术月刊》，2005年第8期

15. 杨荣国：《〈庄子〉哲学中的个体与自我》，《哲学研究》2005年第12期

16. 王启康：《论自我意识及其与自我的关系》，《华中师范大学学报》，2007年第1期

17. 杨玉昌：《禅宗与基督教的自我意识比较》，《广西社会科学》，2007年第2期

18. 史曙华、陈莉萍：《从中国希腊神话看中西自我观念之差异》，《浙江工业大学学报》

（社会科学版），2008年第7卷第3期

19. 董西彩：《佛教自我观及对灵魂不灭论的批判》，《新疆师范大学学报》（哲学社会科学版），2006年第27卷第2期

20. 刘艳梅：《国内自我概念与心理健康的研究特点》，《科教文汇》（下旬刊），2008年第1期

21. 奚彦辉、高申春：《老子顺应的自我观探究》，《心理科学》，2008年第6期

22. 侯冬梅、刘辉：《黑格尔自我意识概念的主体间性内涵》，《燕山大学学报》（哲学社会科学版），2008年第1期

23. 董山民、陈亚军：《罗蒂的“自我”观及其政治意蕴》，《哲学研究》2008年第4期

24. 李晓军：《孟子思想中的自我意识》，《安徽文学》，2008年第2期

25. 李晓军：《孟子思想中的自我意识》，《安徽文学》2008年第2期

26. 董轩：《“自我概念”的符号互动主义溯源与评述》，《社会科学论坛》（下），2008年第11期

27. 高健龙：《试析后现代自我观》，《理论月刊》2008年第9期

28. 林锦秀：《西方心理学中关于自我的研究》，《福建教育学院学报》，2008年第1期

29. 李刚：《伪道养形，真道养神——〈西升经〉的形神观探险》，《宗教学研究》2009年第1期

30. 李刚：《道教的身体观初探》，《天府新论》2009年第6期

31. 罗安宪：《“吾丧我”义解》，《哲学研究》2013年第6期

32. 陈少明：《“吾丧我”：一种古典的自我观念》，《哲学研究》2014年第8期

33. 孔令宏：《道家、道教的“形”“神”观》，《社会科学战线》2014年第12期

34. 蔡林波：《形与真：道教“形”论思想阐释》，《四川大学学报》2015年第5期

35. 邓联合：《“贵身”还是“无身”——〈老子〉第十三章辩议》，《哲学动态》2017年第3期

36. 宋德刚：《〈老子〉“自”类语词哲学范畴释要》，《哲学评论》2018年第22辑

37. 汪韶军：《无身即贵身与无身以为天下——〈老子〉第十三章通诠》，《西南大学学报》2019年第5期

后　记

2008年10月，带着喜悦和忐忑，我来到了四川大学道教与宗教文化研究所哲学博士后流动站从事博士后研究工作，受教于我国著名教育家、宗教学家、道教学研究泰斗、四川大学文科杰出教授卿希泰先生门下。三年的流动站研究工作，得到了卿希泰先生的无尽关爱和鞭策。卿希泰教授严谨、务实、求真的学术风范，幽默、祥和、达观的生活态度，以及护生如子的浓浓师恩，让学生倍感温馨和感动，在此向业师卿希泰教授表达不尽的感激和敬意。在这三年的工作和学习中，卿希泰教授的外甥女、老子研究院行政秘书余晓红女士对我也是关爱有加，在生活和工作上给了我很多帮助，在此向她表示敬意和感谢。

在这三年的学习和工作当中，要感谢时任所长李刚教授、副所长张钦教授和诸位老师，正是在他们的帮助和关爱下，我才得以顺利完成我的博士后研究工作。四川大学宗教所宽松、自由的学术氛围，给了我很多自主的学习时间，提供了丰富的研究资料，为我的博士后研究工作提供了诸多便利。

落叶归根，饮水思源。在厦门大学求学和四川大学工作、生活的日子，两位恩师詹石窗教授和盖建民教授自始至终都给予了我诸多的呵护与帮助，他们为人谦和、真诚、宽容，为学严谨、务实、求真，这种言传身教的授道方式，也让我受益匪浅、获益良多。

最后，要感谢我的家人这么多年的支持和坚持，尤其要感谢我的爱人焦永利女士，这么多年的相随和相知，让人倍感温暖和感激，也感谢我的女儿朱子悦、儿子朱子匀，他们是我人生不断前行的动力。十年寒窗，多年漂泊，如人饮水，冷暖自知。细想二十四年前，作为农家子弟的我从大山深处走出，带着家人的期待和自己的梦想，一路前行。由桂入鄂，自鄂转闽，从闽至川。在谋食与谋道的路上，多得各方贵人襄助。本人亦时时刻刻奉行“与人为善”和“宽人律己”的处世之道，慎独不忘，省己不忘，颠沛不忘，诚以待人，严以待事，不敢有半刻懈怠。此外，本书得以顺利出版，也要感谢华龄出版社的郑雍先生，是他们的细心工作才成就了小书得以问世。

本书是我博士后工作的一个缩影，其中还有诸多思考不周之处，敬请方家批评、指正。

朱展炎谨记
2022年4月于川大文科楼望江精舍